राजेन्द्र यादव

राजेन्द्र यादव का जन्म 28 अगस्त, 1929 को आगरा में हुआ। उन्होंने आगरा विश्वविद्यालय से एम.ए. (हिन्दी) किया।

उनकी प्रकाशित पुस्तकें हैं—'देवताओं की मूर्तिया', 'खेल-खिलौने', 'जहाँ लक्ष्मी कैद है', 'अभिमन्यु की आत्महत्या', 'छोटे-छोटे ताजमहल', 'किनारे से किनारे तक', 'टूटना', 'ढोल और अपने पार', 'चौखटे तोड़ते त्रिकोण', 'वहाँ तक पहुँचने की दौड़', 'अनदेखे अनजाने पुल', 'हासिल और अन्य कहानियाँ', 'श्रेष्ठ कहानियाँ', 'प्रतिनिधि कहानियाँ' (कहानी-संग्रह); 'सारा आकाश', 'उखड़े हुए लोग', 'शह और मात', 'एक इंच मुस्कान' (मन्नू भंडारी के साथ), 'मंत्र-विद्ध और कुलटा' (उपन्यास); 'आवाज तेरी है' (कविता-संग्रह); 'कहानी : स्वरूप और संवेदना', 'प्रेमचन्द की विरासत', 'अठारह उपन्यास', 'काँटे की बात' (बारह खंड), 'कहानी : अनुभव और अभिव्यक्ति', 'उपन्यास : स्वरूप और संवेदना' (समीक्षा-निबन्ध-विमर्श); 'वे देवता नहीं हैं', 'एक दुनिया : समानान्तर', 'कथा जगत की बाग़ी मुस्लिम औरतें', 'वक़्त है एक ब्रेक का', 'औरत : उत्तरकथा', 'पितृसत्ता के नए रूप', 'पच्चीस बरस : पच्चीस कहानियाँ', 'मुबारक पहला क़दम' (सम्पादन); 'औरों के बहाने' (व्यक्ति-चित्र); 'मुड़-मुड़के देखता हूँ...' (आत्मकथा); 'राजेन्द्र यादव रचनावली' (15 खंड)। अगस्त, 1986 से 27 अक्टूबर, 2013 तक प्रेमचन्द द्वारा स्थापित कथा-मासिक 'हंस' का सम्पादन। चेख़व, तुर्गनेव, कामू आदि लेखकों की कई कालजयी कृतियों का अनुवाद।

28 अक्टूबर, 2013 को उनका देहावसान हुआ।

मेरी ज़िन्दगी में चेखव

लीडिया एविलोव

डेविड मैगार्शक के अंग्रेजी अनुवाद से पुनर्प्रस्तुति
रंजना श्रीवास्तव

सम्पादक
राजेन्द्र यादव

राजकमल पेपरबैक्स

पहला पुस्तकालय संस्करण
राजकमल प्रकाशन प्राइवेट लिमिटेड द्वारा
2005 में प्रकाशित

राजकमल पेपरबैक्स में
पहला संस्करण : 2005
दूसरा संस्करण : 2023

राजकमल पेपरबैक्स : उत्कृष्ट साहित्य के जनसुलभ संस्करण

राजकमल प्रकाशन प्रा. लि.
1-बी, नेताजी सुभाष मार्ग, दरियागंज
नई दिल्ली-110 002
द्वारा प्रकाशित

शाखाएँ : अशोक राजपथ, साइंस कॉलेज के सामने, पटना-800 006
पहली मंजिल, दरबारी बिल्डिंग, महात्मा गांधी मार्ग, प्रयागराज-211 001
वेबसाइट : www.rajkamalprakashan.com
ई-मेल : info@rajkamalprakashan.com

बी.के. ऑफसेट
नवीन शाहदरा, दिल्ली-110 032
द्वारा मुद्रित

मूल्य : ₹199

भीतर के रेखांकन : लिंटन लैंब

MERI ZINDAGI MEIN CHEKHOV
by Lydia Avilova
Translated by Ranjana Shrivastava
Edited by Rajendra Yadav

ISBN : 978-81-267-1027-0

मेरी ज़िन्दगी में चेखव

कलकत्ते के 'ग्रांड होटल' के नीचे किताबों की एक छोटी-सी दुकान थी। दुकान छोटी थी लेकिन किताबें वहाँ बहुत चुनी हुई मिलती थीं। वहीं मुझे एक पतली-सी किताब मिली—*चेखव इन माई लाइफ;* लेखिका थी लीडिया एविलोव। मानो अचानक ही मेरे नाम लाटरी निकल आई हो। चेखव की ज़िन्दगी के बारे में जहाँ जो कुछ मिलता था मैं उसे देखने-पाने के लिए बेताब हो उठता था। किताब मैंने खरीद ली। बहुत पहले चेखव की रचनाओं, उसके पत्रों, उसको लिखे गए मित्रों, भाई-बहनों के पत्रों, टिप्पणियों के आधार पर एक लम्बा काल्पनिक इंटरव्यू लिया था। पहले वह पुस्तकाकार आया और फिर 'औरों के बहाने' में शामिल किया गया। इसलिए मैं चेखव की ज़िन्दगी के कुछ

अन्तरंग प्रसंगों को बहुत पहले से जानता था। इस किताब को पढ़ना दोहरे 'पाठ' से गुजरना था। यदि इसमें चेखव और लीडिया का नाम न भी होता तो भी अपने आप में यह बेहद संवेदनशील अन्तरंग प्रेम-कहानी थी। इसका कभी अनुवाद करूँगा यह सोचकर मैंने किताब सँभालकर रख ली। बाद में सुना कि इस किताब को सर्कुलेशन से वापस ले लिया गया। लीडिया, चेखव की प्रेमिका थी और उसकी इच्छा थी, किताब उसके मरने के बाद ही छपे। मगर बाद में शायद उसके परिवारवालों की ओर से कुछ ऐसा हुआ कि किताब को वापस लेना पड़ा। मेरा ख़याल है कि यह प्रेम-कहानी अब कहीं भी उपलब्ध नहीं है।

अजीब कहानी है इस पुस्तक की भी। यह इतनी 'जीवन्त' है कि स्वयं ही न जाने कहाँ-कहाँ के चक्कर लगाने के बाद वफ़ादार कबूतर की तरह वापस मेरे पास आती रही है। लौटाने की सार्वजनिक घोषणाओं के बावजूद नामवर सिंह हिन्दी में सबसे बड़े 'पुस्तकमार' के रूप में प्रसिद्ध हैं। जिस किताब को वे उत्साह से पलटते हैं समझिए कि आपके पास उसके दिन पूरे हो गए। उसे तरह-तरह के वायदे और आश्वासन देकर बिना हथियाए नहीं छोड़ते। मेरे पास पुस्तक देख लेने के बाद यह असम्भव था कि वे इसे *अक्षत* छोड़ दें। शायद दसियों बार धोखा खाने के बाद भी इस बार मैंने उन पर भरोसा किया और खुद बनारस जाकर इस किताब का पुनरुद्धार किया। छीनी गई पुस्तक का इस तरह लौट जाना उनके जीवन के दारुण दुखों में से एक है। फिर इस पुस्तक को धर्मवीर भारती, रघुवीर सहाय, अज्ञेय, अशोक वाजपेयी, केदारनाथ सिंह, अर्चना वर्मा और पता नहीं किन-किन लोगों ने उधार लेकर पढ़ा, मगर मुझे शाबाशी दी जानी चाहिए कि मैंने इसे हर जगह से वापस प्राप्त कर लिया। दर्जनों मित्रों ने इसकी फोटोस्टेट कराई। तभी से मेरे मन में था कि इसका हिन्दी अनुवाद आना चाहिए। अर्चना वर्मा की छोटी बहन रंजना श्रीवास्तव के रचनात्मक अनुवादों का मैं प्रशंसक रहा हूँ, इसलिए इस अनुवाद को उन्हीं के ज़िम्मे सौंप

दिया और यह **हंस** के छह अंकों में छापा। अब यह आपके सामने है। हाँ, चेखव की इस प्रेमिका का नाम शायद *लीडिया एविलोव* नहीं *लीडिया एविलोवा* है, क्योंकि जहाँ तक मेरी जानकारी है महिलाओं के नाम में रूसी में दीर्घाकार लगाया जाता है। स्वयं अंग्रेजी में चेखव का नाम मैंने कई तरह लिखा देखा है जिसे चिकाफ़, चेहोव, चेखोव के रूप में भी पढ़ा जा सकता है। कहीं-कहीं तो यह नाम *TCH* से शुरू होता है।

मुझे पूरा विश्वास है कि यह विलक्षण प्रेम-कहानी पाठकों को भी पसन्द आएगी। हिन्दी में तो यह असम्भव ही है, मगर बाकी जगहों पर भी शायद ही किसी प्रेमिका ने अपने प्रिय लेखक को लेकर इतनी तटस्थ आत्मीयता से लिखा हो।

–राजेन्द्र यादव

28 अगस्त, 2004
दिल्ली।

भूमिका

चेखव के विषय में इतना कुछ लिखा जा चुका है कि लगता है उनके जीवनी लेखकों या आलोचकों की नज़र से शायद ही कोई बात छिपी रही हो। मगर सच ये है कि उनके जीवन की सबसे बड़ी घटनाओं में से एक अभी हाल ही में, मॉस्को में एक पुस्तक के प्रकाशन के बाद सामने आई। इस पुस्तक में कई व्यक्तियों ने चेखव के साथ अपने निजी अनुभव और संस्मरण लिखे हैं। पुस्तक में एक आत्मकथ्य लीडिया एविलोव का है। लीडिया एविलोव पीटर्सबर्ग के एक अधिकारी की पत्नी थीं और स्वयं कथा लेखिका थीं। अपने आत्मकथ्य में उन्होंने अपने और चेखव के, दस वर्ष तक चले दुखद प्रेम प्रसंग का वर्णन किया है। यही समय चेखव के लेखकीय जीवन का सबसे महत्त्वपूर्ण समय

भी था। चेखव के जीवन के अब तक अनजाने इस अध्याय से उनकी कहानियों और नाटकों में उपस्थित उस वेदना और विषाद को समझने में अन्य किसी भी बात से ज्यादा मदद मिलती है जो 'चेरी ऑर्चर्ड' में वायलिन के तार टूटने की मातमी आवाज़ की तरह ही उनकी सृजन प्रतिभा और लेखनी से निकली हर प्रेमकथा की विशेषता है।

लीडिया एविलोव चेखव से चार वर्ष छोटी थी। उनका जन्म 1864 में मॉस्को में हुआ और पहली बार जब वे चेखव से मिलीं तो केवल पच्चीस की थीं। चेखव के साथ अपने सम्बन्ध के ब्यौरे में—जो 1942 में, 78 वर्ष की आयु में उनकी मृत्यु के कई वर्ष बाद 'चेखव इन माइ लाइफ़' शीर्षक से छपा—उन्होंने 1889 और 1899 के बीच चेखव के साथ अपनी केवल आठ मुलाकातों का वर्णन किया है, मगर साफ़ मालूम होता है कि वे अक्सर ही मिलते रहे होंगे। संस्मरण में काफ़ी कुछ दिलचस्प सामग्री है मगर उसमें भी खास महत्व चेखव के जीवन की उन घटनाओं का है जो उनके सबसे कल्पना-प्रवण नाटक 'द सी गल' की पृष्ठभूमि में थीं। इस नाटक ने उनके कई आलोचकों की बुद्धि की आज़माइश की और नाटक के कई पात्रों के विषय में उनके अनुमान अब सर्वथा निराधार मालूम देते हैं।

यह बात सच ही बड़ी विचित्र है कि चेखव, जिन्होंने अपनी छोटी-सी ज़िन्दगी (उनकी मृत्यु 1904 में 44 की आयु में हो गई थी) परिवार और मित्रों के बीच गुज़ारी, अभी सारे बड़े रूसी लेखकों से अधिक रहस्यमय बने हुए हैं। चेखव ने अपने गिर्द रहस्य का जो घेरा डाल रखा था, यह सोचने से और भी गहरा जाता है कि अधिकांश बड़े रूसी लेखकों से अलग और रूस के बाहर उनके बारे में फैली धारणा के विपरीत वे एक गहरे सामाजिक सरोकार से प्रतिबद्ध व्यक्ति थे। प्रशान्त महासागर के दूरवर्ती टापू 'साखालिन' की कैदी-बस्तियों के अध्ययन के प्रयोजन से की गई उनकी यात्रा जगजानी है, हालाँकि इस यात्रा-वृत्तान्त का अनुवाद अभी तक अनुपलब्ध है। जो बात जगजानी नहीं है और जो उनके जीवनकाल में रूस में भी अनजानी थी वह यह कि लेखक के रूप में बढ़ती ख्याति के बावजूद चेखव ने

मेलिखोवो में अपने घर के आसपास गाँव-देहात में मुफ़्त चिकित्सा जारी रखी और वे खेतिहरों-किसानों में शिक्षा के प्रचार-प्रसार में निजी तौर पर निरन्तर रुचि लेते रहे। आय के सीमित साधन भी उन्हें गाँव में अस्पताल बनवाने और तीन स्कूल खोलने से न रोक पाए, न सिर्फ़ इतना, उन्होंने अपने शहर 'तागानरोग' में एक सार्वजनिक पुस्तकालय खोला और जीवन-पर्यन्त उसके लिए किताबें मुहैया कराते रहे। अपनी अनेक सामाजिक गतिविधियों के विषय में उन्होंने कभी न कहा, न लिखा लेकिन इनसे यह धारणा कि वे अपने समय की सामाजिक स्थिति के प्रति उदासीन थे गलत ज़रूर साबित होती है। उनकी इस चुप्पी और साहित्य में किसी एक पक्ष की झंडाबरदारी के प्रति घोर अरुचि ने कुल मिलाकर उनकी छवि एक ऐसे लेखक की बना दी जिसे सब कुछ स्वीकार है और इसी छवि के चलते उनकी रचनाओं, खासकर नाटकों की व्याख्या आमतौर पर गलत की गई।

चेखव की इस लगभग रुग्ण चुप्पी का यह अर्थ कदापि नहीं था कि उनकी मानसिकता सिर झुकाकर बुराई को स्वीकारने की थी बल्कि उनके चरित्र की यह निजी विशेषता तो धुर बचपन से निकली लगती है जब बच्चों को सीधा रखने के लिए मार पर विश्वास रखनेवाले अपने पिता का कठोर व्यवहार उन्हें तिलमिला दिया करता था और उनकी प्रतिक्रिया बहुत उग्र हुआ करती थी। पिता गरीब दुकानदार थे और चेखव जब सिर्फ़ पन्द्रह के ही थे तो उनका दिवाला निकल गया था। लेनदारों से बचने के लिए उन्हें मॉस्को भागना पड़ा जहाँ सारा परिवार बड़ी ही तंगहाली में तब तक एक तहखाने में रहा जब तक कि चेखव गुज़ारे लायक पर्याप्त धनोपार्जन नहीं करने लगे। मन में गहरे पैठे इस द्वन्द्व ने चेखव के चरित्र पर एक अमिट छाप छोड़ी। पिता के साथ उनकी पटरी कभी नहीं बैठी, तब भी जब उनसे डरने का कोई कारण नहीं रह गया था। उनके रिश्ते हमेशा तनावपूर्ण ही रहे। इस सारी स्थिति को उनके पिता ने अपनी डायरी में लिखे सिर्फ़ तीन शब्दों से ही स्पष्ट कर दिया है : "एण्टन नाराज़ है।" यह देखते हुए कि चेखव के नर्म स्वभाव के सामने ये शब्द कितने असंगत लगते हैं इनका महत्त्व और

भी बढ़ जाता है। पर पिता के प्रति चेखव के रवैये के और प्रत्यक्ष प्रमाण भी हैं। पोतापेन्को ने, जो एक दूसरे दर्जे के उपन्यासकार और चेखव के घनिष्ठ मित्र थे, अपने संस्मरण में माँ के प्रति इस महान लेखक के कोमल प्रेम की तुलना पिता के प्रति उनके उदासीन और लगभग सख़्त रवैये से की है :

> (वे लिखते हैं) कि पिता को चेखव ने हमेशा वह सम्मान दिया जिसकी एक पुत्र से पिता को अपेक्षा होती है। चेखव ने पिता के बुढ़ापे के आराम का प्रबन्ध तो कर दिया पर उनके कठोर अनुशासन को भुला न पाए जो उन्होंने तागानरोग में, जब वे परिवार के मुखिया थे, लागू कर रखा था। कभी-कभी पिता की ओर इशारा करके (जो बुढ़ाते-बुढ़ाते बड़े ही शान्त और परम स्नेही बन गए थे) चेखव उन दिनों को याद करते जब वे अपने बच्चों को चर्च जाने को विवश करते थे और बेटों में कोई (चेखव पाँच बेटों में दूसरे थे) ज़रा भी ना-नुकुर करता तो बिना आगा-पीछा देखे बेरहमी से पीटने लगते थे। हो सकता है इस याद में अब वह कड़वाहट न रही हो पर इसमें शक नहीं कि उनके मन पर इसकी गहरी छाप थी। वे अक्सर कहा करते कि उनके पिता बड़े बेरहम थे।
>
> और चेखव ने (जिन्हें किसी भी किस्म की हिंसा बर्दाश्त नहीं थी) अपने पिता को न सिर्फ़ उनकी मार के लिए, बल्कि उनका बचपन गर्क कर देनेवाली उस धार्मिक शिक्षा के लिए भी, कभी माफ़ नहीं किया जिसके कारण चेखव को जबरदस्ती धार्मिक विश्वास थोपे जाने से नफ़रत हो गई...। एक प्रसिद्ध रूसी शिक्षक की शिक्षण विधि की चर्चा करते समय चेखव ने मुझसे कहा, "उनके छात्र यदि प्रसन्न हैं तो मुझसे और मेरे भाइयों से ज़्यादा भाग्यशाली हैं क्योंकि हमारा बचपन तो हमारे लिए नरक था।" हालाँकि चेखव ने मुझे जब यह सब बताया तो सारी बात गुज़रे

ज़माना हो चुका था। उनके जीवन में, अरसा हुए, उनके पिताजी की कोई भूमिका नहीं रह गई थी जो अपने आखिरी दिन प्रार्थना में और धर्मग्रन्थों को पढ़ते हुए बिता रहे थे और अपने पुत्र की प्रसिद्धि से बड़े खुश थे। पिता के प्रति चेखव का व्यवहार सदा स्नेह भरा, बल्कि सम्मान भरा था, उन्हें पिछली बातें याद दिलाने के लिए चेखव ने कभी एक शब्द भी नहीं कहा। उन्होंने कभी यह भी ज़ाहिर नहीं किया कि वे कुछ भूले नहीं हैं मगर यह सच है कि चेखव के संवेदनशील मन पर इसका प्रभाव बहुत गहरा था।

चेखव के संकोची स्वभाव में तब निस्सन्देह दृढ़ता आई जब उनके परिवार के मॉस्को चले जाने के बाद उन्हें खुद अपने रहने-खाने का इन्तज़ाम करना पड़ा क्योंकि वहीं रुककर उन्हें अपनी स्कूली पढ़ाई पूरी करनी थी ताकि मॉस्को विश्वविद्यालय (जो उन्होंने 1884 में छोड़ा) के मेडिकल स्कूल की प्रवेश परीक्षा में बैठ सकें।

अपनी भावनाओं या अन्तरतम के विचारों की अभिव्यक्ति की गहरी अनिच्छा वे कभी-कदा ही इशारे या मज़ाक में किया करते थे। इसी से उनके भीतर नितान्त एकाकीपन की भावना ने जन्म लिया जो उनकी घड़ी की ज़ंजीर में लगी मुहर से स्पष्ट होती है जिस पर लिखा था—जो अकेले हैं, उनके लिए यह संसार रेगिस्तान है। लीडिया एविलोव को लिखे कुछ पत्रों को उन्होंने इसी मुहर से ठप्पा लगाकर बन्द किया था। उनके इस स्वभाव को यदि दूसरों की भावनाओं के प्रति उनकी अति संवेदनशीलता और इस डर के साथ जोड़कर देखें कि कहीं उनके कारण किसी को कोई चोट या हानि न पहुँचे तो यह बात काफ़ी कुछ समझ में आ जाती है कि लीडिया एविलोव के प्रति उनकी भावनाएँ कैसे ज्यादातर मित्रों की निगाहों से बची रह गईं और अभी हाल ही में सामने आईं।

चेखव जब लीडिया एविलोव से पहली बार मिले, तो एक भावी महान लेखक के रूप में उनकी चर्चा शुरू हुए अभी कुछ ही वर्ष हुए थे। यह मुलाकात 24 जनवरी 1889 को, लीडिया की बहन के पति

सिर्गेई खुदेकोव के यहाँ हुई जो 'पीटर्सबर्ग गज़ट' के, जिसमें चेखव 1885 से 1888 तक नियमित रूप से लिख रहे थे, मालिक और सम्पादक थे। चेखव तब 29 वर्ष के थे और उनके तीन कथा संकलन निकल चुके थे जिनमें उनकी कुछ सबसे प्रसिद्ध कहानियाँ थीं मगर ज़्यादातर हल्की-फुल्की, मज़ाकिया किस्म की थीं। लगभग इसी समय वे जाने-माने रूसी लेखक व्लादिमिर कोरोलेन्को से मिले थे जिन्होंने चेखव का वर्णन इस प्रकार किया है :

> मेरे सामने एक ऐसा युवक था जो अपनी वास्तविक आयु से भी कम दिखता था। औसत कद, लम्बा, सुथरा, सुडौल चेहरा जिसके विशिष्ट, तरुणाई भरे कटाव अभी कम नहीं हुए थे। सच ही उस चेहरे में कुछ विशिष्ट था जिसे मैं उस समय परिभाषित नहीं कर पाया पर जिसे मेरी पत्नी ने, जो चेखव से मिल चुकी थी, एक ऐसा चेहरा बताया जो एक सुसंस्कृत व्यक्ति का तो था ही पर जिसमें कुछ ऐसा भी था जो एक ग्रामीण किशोर की याद दिलाता था। यह वैशिष्ट्य उस चेहरे को और भी आकर्षक बनाता था। चेखव की आँखें भी, जो नीली, गहरी और चमकीली थीं, एक साथ ही विचारमग्न और लगभग शिशुओं जैसी भोली थीं। बर्ताव और बातों की सादगी उनके व्यक्तित्व का खास हिस्सा थीं—बेशक उनके लेखन का भी। कुल मिलाकर पहली मुलाकात में चेखव मुझे एक ऐसे व्यक्ति लगे जो अपने जीवन को भरपूर जी रहा हो। उनकी आँखों में उस बौद्धिक चपलता और उत्साह के एक अजस्र स्रोत की चमक भी थी, जिसकी झलक उनकी कहानियों में भी है पर साथ ही कुछ ऐसा भी था जो अधिक गम्भीर था और जिसका विकास अभी होना था। कुल मिलाकर उनके व्यक्तित्व में कुछ ऐसी मोहिनी थी जिससे आप अछूते नहीं रह सकते थे।

चेखव का स्वभाव ऐसा नहीं था कि प्रसिद्धि उनके सिर चढ़ जाती,

बल्कि प्रारम्भ में तो इस प्रशंसा ने उन्हें ज़रा भी नहीं छुआ। वे रूसी लेखक ग्रिगोरोविच को लिखते हैं :

> मुझमें यदि सम्मान योग्य कोई गुण है तो मानना होगा कि मैंने अभी तक इसका सम्मान नहीं किया है। हालाँकि मैं जानता हूँ मुझमें ऐसा कुछ है मगर मैंने इसे कभी खास मूल्यवान नहीं समझा...मेरे परिवार की नज़र में तो मेरे लेखन का कभी कोई मोल नहीं रहा और मुझे हमेशा यही समझाया जाता रहा कि मैं अपने असली व्यवसाय को लेखन की बलि न चढ़ाऊँ। मॉस्को में मेरे सैकड़ों मित्र हैं, जिनमें दर्जन भर तो ज़रूर लेखक हैं परन्तु मैं किसी एक को भी नहीं जानता जिसने मेरी एक भी रचना पढ़ी हो या मुझे बतौर एक लेखक पहचानता हो। मॉस्को में एक तथाकथित साहित्यिक दायरा है। मैं यदि वहाँ जाऊँ और तुम्हारे पत्र की कुछ पंक्तियाँ पढ़कर सुनाऊँ तो वे मेरे मुँह पर हँस देंगे। पिछले पाँच सालों में जब से मैंने विभिन्न पत्र-पत्रिकाओं में लिखना शुरू किया—आमतौर पर अपने साहित्यिक कृतित्व की इस उपेक्षा का मैं इस कदर आदी हो चुका हूँ कि खुद अपनी रचनाओं को हीन समझने लगा हूँ। पर फिर भी लिखे जाता हूँ...मुझे डर है मेरा अभी तक का काम बेसोचे, लापरवाही और बेध्यानी के साथ किया गया है। मुझे एक भी कहानी याद नहीं जिस पर मैंने एक दिन से ज़्यादा लगाया हो, और 'गेमकीपर' तो, जो लगता है तुम्हें बहुत पसन्द आई है, मैंने एक खुली छत वाले स्विमिंग बाथ के ड्रेसिंग बॉक्स में लिखी थी।

परन्तु चेखव जब लीडिया एविलोव से मिले, तब तक साहित्य के प्रति उनके इस लापरवाह रवैये में बड़ी तब्दीली आ चुकी थी। बतौर लेखक अपने दायित्व के प्रति वे पूर्णतः सजग हो गए थे और अपनी कहानियों को ज़्यादा समय दे रहे थे। उदाहरण के तौर पर, 1886 में जहाँ चेखव

की 115 कहानियाँ प्रकाशित हुईं, 1887 में केवल 65 और 1888 में तो सिर्फ़ 13 कहानियाँ ही छपीं। यह तब जबकि बाद के दो वर्षों में डॉक्टरी पेशे में लगनेवाला समय लगातार घटता जा रहा था। 1889 में, पीटर्सबर्ग से प्रकाशित दो लोकप्रिय पत्रिकाओं 'द पीटर्सबर्ग गज़ट' और निकोलाई लीकिन द्वारा सम्पादित हास्य साप्ताहिक 'फ्रैग्मेण्ट्स' में लिखना उन्होंने बन्द कर दिया। किसी चटपटी, मजेदार घटना या अचानक मुलाकात पर आधारित रेखाचित्रों का स्थान–जो पहले उनकी रचनाओं में काफ़ी अधिक था (उदाहरण के लिए 'द डॉटर ऑफ़ एल्बियॉन' में एल्बियॉन की बेटी मिस मैथ्यूस नाम की अंग्रेज गवर्नेस थी जिनसे वे कुछ मित्रों के साथ अपने देहात-वास के दौरान मिले थे) अब जीवन और मनुष्य की गहरी समझ ने ले लिया था और जल्द ही उन्होंने अपने सृजन कार्य के लिए एक सूत्र अपना लिया जो वड्र्सवर्थ के प्रसिद्ध सूत्र 'शान्ति के क्षणों में दुहराए गए मनोभाव' के जैसा था।

"मैं केवल स्मृति से ही लिख सकता हूँ," वर्षों बाद चेखव ने कहा, "सीधे प्रकृति से नहीं। मेरी कहानी के विषय के लिए मेरे मस्तिष्क की छन्नी से होकर गुज़रना ज़रूरी है ताकि वही बच रहे जो विशिष्ट और महत्त्वपूर्ण है।"

अपने साहित्यिक कृतित्व के प्रति जिम्मेदारी की इस नई भावना का एक परिणाम यह हुआ कि चेखव उन नए उभरते लेखकों की सहायता को तत्पर रहने लगे जो सलाह और सुधार के लिए अपनी पांडुलिपियाँ उनके पास भेजा करते थे। और इसे उन्होंने आजीवन कायम रखा।

1889 के आरम्भ में लीडिया एविलोव के साथ पहली, और तीन साल बाद दूसरी मुलाकात के बीच चेखव देहात में, मेलिखोवो में अपनी छोटी-सी ज़मीन पर दो कमरों की कुटिया बनाकर रहने लगे थे और जब-तब, घर में मेहमानों का रेला होने पर, लिखने के लिए उसी कुटिया में चले जाते थे। इस बीच साखालिन द्वीप स्थित कैदी-बस्तियों के अध्ययन के लिए उन्होंने अपनी प्रख्यात यात्रा भी की और पहली बार इटली और फ्रांस भी गए। सेहत उन्हें तकलीफ़ देने लगी थी और यद्यपि

एक डॉक्टर होने के नाते उन्हें क्षय के सारे लक्षणों की पहचान तो अवश्य रही होगी, अपने रोग की सच्चाई को उन्होंने बहुत लम्बे समय तक स्वीकार नहीं किया।

जनवरी 1892 में वे लीडिया एविलोव से दूसरी बार मिले और इस मुलाकात का परिणाम बहुत ही दुखद निकला। लीडिया के पति को (चेखव जब लीडिया से मिले, वे पहले से ही विवाहित और नौ माह के एक शिशु की माँ थीं) जिसे एक ऐसे लेखक की बकवास से चेखव और अपनी पत्नी के विषय में कुछ जानकारियाँ मिल चुकी थीं जो चेखव की ख्याति से जलता था। इसके बाद चेखव इस विषय में अत्यन्त सावधान हो गए कि लीडिया को ऐसी किसी भी बात से बचाएँ जिससे उसे बदनामी की हवा भी लग सके। लगता है, चेखव को पूर्वाभास हो गया था कि एक दुखदायी प्रेम-प्रसंग से गुज़रना उनकी नियति है क्योंकि पीटर्सबर्ग के लेखक और अखबार के मालिक सुवोरिन को, लीडिया एविलोव से पहली मुलाकात के पहले ही उन्होंने एक पत्र लिखा था जिसमें मॉस्को में अपने जीवन की अनेक परेशानियों के वर्णन के बाद उन्होंने असाधारण रूप से भविष्यसूचक यह टिप्पणी जोड़ दी थी : "बस अब मुझे एक दुखद प्रेम प्रसंग की ही ज़रूरत है।"

इसके बाद लीडिया एविलोव से दो और मुलाकातें हुईं जिनमें 14 फरवरी 1895 को हुई दूसरी मुलाकात जिस तरह की त्रासिक कामदी में समाप्त हुई उसका वर्णन लीडिया एविलोव ने अपने संस्मरण में बड़ी खूबी से किया है। दूसरी मुलाकात के तुरन्त बाद की घटना का कुछ साहित्यिक महत्त्व भी है। लीडिया ने, यह समझ लेने के बाद कि उन्हें भी चेखव से उतना ही गहरा प्रेम है जितना चेखव को उनसे, इस राह पर आगे बढ़ने और पीछे के सब दरवाज़े बन्द करने का निर्णय लिया। हालाँकि लीडिया तब तक तीन बच्चों की माँ बन चुकी थीं और बच्चों पर जान छिड़कती थीं, मगर वे अपने पारिवारिक सुख के बलिदान को तैयार हो गईं और चेखव को यह बताने का निश्चय किया कि वे यदि चाहें तो वे अपने पति को छोड़ देंगी। मगर इसके लिए उन्होंने बड़ा घुमावदार रास्ता निकाला क्योंकि, जैसा वे खुद बताती हैं, वापसी का

रास्ता भी वे खुला रखना चाहती थीं। चेखव को यह बताने का कि वे अपने पति से सम्बन्ध-विच्छेद के लिए तैयार हैं, सीधा रास्ता न चुनने का एक और कारण भी था—इसमें यह वाजिब सन्देह भी रहा होगा कि चेखव उनके इस बलिदान को स्वीकार भी करेंगे या नहीं। चेखव की आर्थिक स्थिति ऐसी नहीं थी कि वे अपने परिवार के साथ लीडिया और उसके तीन बच्चों का—अगर पति बच्चों को ले जाने की इजाज़त देते—भरण-पोषण कर सकें। जो भी हो, इतना तो सच है कि पति से अलग होने के अपने निर्णय को चेखव तक पहुँचाने का जो तरीका लीडिया ने अपनाया, चेखव ने अपने नाटक 'द सी गल' में उसी का इस्तेमाल किया। लीडिया ने घड़ी की ज़ंजीर के लिए पेंडेंट खरीदा और एक ओर गढ़वाया, "पृष्ठ 267, पंक्ति 6 और 7" ये पंक्तियाँ जो चेखव की कहानी 'द नेबर्स' से ली गई थीं और 'द सी गल' में शामिल किए जाने से प्रसिद्ध हुईं वे ये थीं : "अगर कभी मेरी जान चाहो तो आओ और ले लो।" परन्तु चेखव ने कोई उत्तर नहीं दिया। यह तक नहीं बताया कि पेंडेंट उन्हें मिला भी या नहीं। बल्कि इस घटना का इस्तेमाल अपने नाटक 'द सी गल' में किया। यह नाटक अनेक स्तरों पर चलनेवाले कथानक के लिए तो उल्लेखनीय है ही, जिसके लिए उन्होंने अनेक स्रोतों से सामग्री उठाई होगी, लीडिया एविलोव के संस्मरण के सामने आने के पश्चात् इसका आत्मकथात्मक महत्त्व भी बहुत बढ़ जाता है। चेखव लीडिया से एक ऐसे नृत्य में मिले जहाँ सबने चेहरों पर नकाब लगा रखा था और बताया कि उनके नए नाटक में उसके लिए एक सन्देश है। लीडिया ने सहज ही मैडोलियन वाले प्रकरण को पहचान लिया क्योंकि वही इसका कारण थी। जल्द ही वह यह भी समझ गई कि त्रिगोरिन के लिए नीना के सन्देश में चेखव ने पृष्ठ और पंक्तियों के लिए जो संख्याएँ इस्तेमाल की हैं उनके अपने कथा-संग्रह की ओर संकेत करती हैं परन्तु उनकी पुस्तक का यह वाक्य, "युवतियों के लिए नकाब पहनकर नृत्य में जाना ठीक नहीं" चेखव के इस स्वभाव के साथ मेल तो खाता है कि वे गम्भीर स्थिति का सामना भी हल्के-फुल्के ढंग से करते थे, साथ ही यह भी बता देता

है कि नकाबवाले पूरे नाच के दौरान चेखव को मालूम था कि वे लीडिया से मुखातिब हैं। हाँ, वहाँ उन 'बहुत सारी बातों' का उत्तर तो नहीं है जिसे 'द सी गल' में देने का वादा चेखव ने किया था। लगता कि लीडिया के लिए चेखव का वास्तविक सन्देश नीना के दुखान्त प्रेम-प्रसंग में छिपा है, जिसका स्पष्ट निष्कर्ष यह है कि यदि नीना सी युवा लड़की के प्रेम की परिणति इतनी दुखद हुई तो लीडिया तीन बच्चों की माँ होकर भी यह आशा कैसे कर सकती है कि उसका प्रेम सफल होगा। यह चेखव का अपना विशिष्ट तरीका था लीडिया के बलिदान को अस्वीकार करने का क्योंकि अपनी गहरी नज़र से उन्होंने जान लिया होगा कि उनके प्रेम का सफल होना कठिन ही है। "वे सब जानते थे, सब समझते थे," लीडिया बार-बार दोहराती हैं।

लीडिया एविलोव के संस्मरण प्रकाशित होने तक, 'द सी गल' के इस आत्मकथात्मक अंश को रूसी आलोचक आमतौर पर हल्के भूरे बालोंवाली लीडिया मिज़िनोव से जोड़कर देख रहे थे, जो चेखव की बहन मेरी की सखी थी और अक्सर मेलिखोवो जाती रहती थी और वहीं चेखव के लेखक मित्र पोतापेन्को से भी मिली थी। सबसे पहले नेमिरोविच दान्चेन्को ने, जो 'मॉस्को आर्ट थिएटर' के संस्थापकों में से थे और मूल रूप से 'द पीपल्स आर्ट थिएटर' नाम से जानी जानेवाली थिएटर कम्पनी में 'द सी गल' नाटक की प्रस्तुति में सहायक रहे थे, कुछ हिचकिचाते हुए यह निष्कर्ष निकाला था—

बहुतों का मानना था (चेखव के साथ अपने संस्मरण में वे लिखते हैं) कि 'द सी गल' में त्रिगोरिन का चरित्र आत्मकथात्मक है। तॉल्स्तॉय ने भी कुछ ऐसा ही कहा था। परन्तु मुझे हमेशा लगता है कि त्रिगोरिन का चरित्र पोतापेन्को से प्रेरित है। नीना जारेश्नाया त्रिगोरिन को एक मेडैलियन देती है जिस पर त्रिगोरिन की कहानी का वाक्य खुदा है, "अगर कभी मेरी जान चाहो तो आओ और ले लो।" (हम जानते हैं कि नेमिरोविच दान्चेन्को ने न केवल यह समझने में भूल की थी—और यह भूल भी बड़ी विचित्र थी—कि मेडैलियन पर 'वाक्य' खुदा था, बल्कि उन स्थितियों का भी उन्हें भान न था जिनके कारण चेखव ने

मेडैलियनवाले प्रकरण का प्रयोग किया था) वास्तव में यह वाक्य चेखव की कहानी का है और उनकी नायिकाओं में आत्मोत्सर्ग की भावना व सरलता की जो विशेषता पाई जाती है उसे भली-भाँति अभिव्यक्त करता है। इससे लोगों को त्रिगोरिन को चेखव से जोड़ने का आधार मिल गया है। पर सम्भव है चेखव को एक नारी की निष्ठा की यह दृढ़ पर साथ ही कोमल अभिव्यक्ति इस कदर भा गई कि वे इसे दुहराना चाहते थे। त्रिगोरिन के चरित्र को समझने के लिए ज़रूरी है कि महिलाओं के प्रति उसके रुख को समझा जाए जो किसी भी तरफ़ से चेखव के रवैये के समान नहीं बल्कि पोतापैन्को के रवैये के समान था। कुल मिलाकर वह किसी एक के जैसा न होकर, अपनी-अपनी पसन्द के किसी भी पात्र के समान है।

'द सी गल' एक असाधारण रूप से सच्ची और ईमानदार कृति है और सम्भव है बहुत से ब्यौरे सीधे चेखव के मेलिखोवो के जीवन से आए हों। यहाँ तक कि चेखव की बहन की उस मित्र के नाम का भी उल्लेख है जिसे चेखव ने नीना जारेश्नाया के चरित्र का आधार बनाया था। पर यहाँ भी यह समानता पूरी तरह एक संयोग है। रूस में उस समय ऐसी सैकड़ों लड़कियाँ थीं और सभी सुस्त, नीरस स्थानों में अपने-अपने घरों से निकलकर कोई ऐसा काम खोज लेने को लालायित थीं जिसके प्रति वे स्वयं को 'पूर्णतः' समर्पित कर सकें और उस प्रतिभावान 'पुरुष' पर न्यौछावर हो जाएँ जिन्होंने उनकी कल्पना को झंकृत किया है। उस दौर में, जब महिलाएँ अपने अधिकारों से वंचित थीं, हमारे देश में ऐसी लड़कियों की भरमार थी।

आधुनिक रूसी आलोचक वी. यर्मिलोव[1] तो लीडिया (लीका) मिज़िनोव को नीना ज़ारेश्नाया से जोड़ने में नेमिरोविच दान्चेन्को से भी कहीं आगे निकल गए। उनका कहना है कि अतीव सुन्दरी लीका को चेखव से प्रेम था और सारे संकेत विपरीत होते हुए भी वे मानते हैं कि चेखव को भी लीका से प्रेम था। अपने बात के प्रमाण में वे चेखव को सम्बोधित लीका का पत्र उद्धृत करते हैं जिसमें लीका स्पष्ट शब्दों

1. चेखव्स ड्रामा, मॉस्को 1948।

में चेखव के प्रति अपने प्रेम को स्वीकारती है :

> आप बखूबी जानते हैं (लीका ने लिखा) कि मैं आपके लिए क्या महसूस करती हूँ और यह लिखने में मुझे किंचित भी लज्जा नहीं। मैं यह भी जानती हूँ कि आपके मन में मेरे प्रति सौहार्द और विरक्ति के सिवा कुछ नहीं। मेरी हार्दिक इच्छा है कि इस विकट स्थिति से खुद को उबारूँ पर अपने आप इसे कर पाना मेरे लिए बड़ा कठिन है। आपसे विनती है कि मेरी सहायता करें। कृपया मुझसे न कहें कि मैं आपसे मिलूँ और न ही मुझसे मिलने का प्रयास करें। आपके लिए इस बात का कोई अर्थ नहीं, पर शायद इससे मुझे आपको दिल से निकालने में मदद मिले...

इस पत्र में ऐसा कोई संकेत नहीं कि चेखव भी लीका को प्यार करते थे, फिर भी यर्मिलोव यही कहते रहे कि चेखव के मन में लीका के लिए प्यार तो था पर इस डर से कि यह प्यार उनके लेखन में बाधक होगा उन्होंने इस सम्बन्ध में कुछ नहीं किया। जो भी हो, लीका ने जल्द ही अपनी इस कमज़ोरी पर काबू पा लिया और पोतापेन्को का सहारा लिया जो अपनी स्वार्थपूर्ति के लिए एक युवा लड़की की भावनाओं की बलि देने से रत्ती भर भी नहीं झिझका। विचित्र संयोग था कि अन्त में लीका की नियति नीना ज़ारेश्नाया के समान ही रही—उसने पोतापेन्को के बच्चे को जन्म दिया। पोतापेन्को ने अन्ततः उसे छोड़ दिया, परन्तु यह सब कुछ 'द सी गल' के प्रकाशन के तीन साल बाद घटा।

यर्मिलोव का यह मानना था कि लीका के प्रेम की दुखभरी कथा से इस बात का रहस्य खुल जाता है कि 'द सी गल' का स्रोत कहाँ था और नाटक के मुख्य पात्र किन पर आधारित थे और यह भी कि त्रिगोरिन का चरित्र एक तरह से चेखव और पोतापेन्को का मिश्रण था, ठीक नहीं लगता। खासतौर पर अब, जबकि लीडिया एविलोव के संस्मरण हमें कुछ और ही बताते हैं, त्रिगोरिन के चरित्र में आत्मकथात्मक ब्यौरे ढूँढ़ना एक व्यर्थ कवायद है। त्रिगोरिन के कुछ

भाषणों में ज़रूर कुछ आत्मकथात्मक पुट है, जैसे दूसरे अंक में नीना के सामने उसका लम्बा भाषण जिसमें वह कहानी के कथानकों को लेकर लेखन की अन्तहीन चिन्ता की बात कहता है। यह चेखव के लेखकीय जीवन के उन शुरुआती दिनों की गूँज हो सकती है जब वे लगभग रोज़ एक कहानी लिख रहे थे। मगर यही बात कॉन्सौण्टिन के उन भाषणों के बारे में भी कही जा सकती है जिनमें वह कला के नए माध्यमों की जरूरत की बात कहता है। यह बात कम-से-कम कुछ हद तक, खासतौर पर जहाँ वह रंगमंच पर लागू होती है, चेखव के अपने विचारों की अभिव्यक्ति है। परन्तु जहाँ तक त्रिगोरिन के चरित्र का प्रश्न है निस्सन्देह चेखव ने उसे भी उसी तरह रचा होगा जैसे कोई भी बड़ा लेखक अपने पात्र रचता है—अपने जीवन अनुभव से ग्रहण कर, कला में ढाल कर। नेमिरोविच दान्चेन्को ने सच ही कहा था : हो सकता है त्रिगोरिन में कुछ अंश चेखव का, कुछ पोतापेन्को का और कुछ अंश किसी अन्य का रहा हो किन्तु उसकी पहचान चेखव अथवा पोतापेन्को या इन दोनों के मिश्रण के रूप में करना गलत होगा। क्योंकि अन्तिम विश्लेषण में त्रिगोरिन का चरित्र अत्यन्त विशिष्ट है और वह पूरी तरह त्रिगोरिन ही है। यही बात नीना के लिए भी सच है जो न लीडिया मिज़िनोव है, न लीडिया एविलोव बल्कि एक ऐसी लड़की का नितान्त वैयक्तिक चित्रण है जो इतनी दृढ़ संकल्प है कि अपनी निजी ज़िन्दगी में आनेवाले दुखों के बावजूद अपनी चुनी राह पर डटी रहती है।

चेखव का नाम एक और महिला के साथ जोड़ा गया जिसका ज़िक्र लीडिया एविलोव ने भी किया है। यह महिला थी अभिनेत्री लीडिया यावोर्स्काया (निस्सन्देह 'लीडिया' नाम के प्रति चेखव के मन में विचित्र आकर्षण था)। परन्तु लीडिया यावोर्स्काया के साथ चेखव के सम्बन्धों की अफ़वाहें भी उतनी ही निराधार थीं जितनी लीडिया मिज़िनोव के साथ। यावोर्स्काया की मैत्री लेखिका और शेक्सपीयर की अनुवादक श्चेपकिना-क्यूपरनिक के साथ थी जो चेखव की बहन और खुद चेखव की भी अच्छी दोस्त थीं। श्चेपकिना-क्यूपरनिक ने ही

यावोर्स्काया का परिचय चेखव से कराया था। यह बात भी जानी हुई है कि चेखव ने मेलिखोवो में, यावोर्स्काया को 'द सी गल' नाटक पढ़कर सुनाया था। श्चेपकिना-क्यूपरनिक ने चेखव के साथ यावोर्स्काया के रिश्तों को कुछ इस तरह बयान किया है :

> यावोर्स्काया के साथ चेखव के रिश्ते में कुछ अजीब बात थी : किसी दिन लगता कि यावोर्स्काया उन्हें पसन्द है किसी दिन लगता कि नहीं। मगर बतौर एक औरत, चेखव को उसमें दिलचस्पी ज़रूर है। चेखव ने ही एक अभिनेत्री के रूप में उसकी सिफ़ारिश सुवोरिन से की थी और फिर वह सुवोरिन के थिएटर की सदस्य भी बनी। चेखव अक्सर वे नाटक देखते जिनमें यावोर्स्काया ने अभिनय किया हो। चेखव के साथ यावोर्स्काया के सम्बन्ध उतने सीधे, सरल तो नहीं थे जितने मेरे साथ। उन दोनों के बीच प्रेम का एक खिलवाड़-सा चल रहा था। मुझे याद है एक नाटक में कानों के पीछे नीलकमल खोंसे नायिका बनी वह अपने प्रिय के सामने घुटनों पर झुकती है—"बस तुम ही तुम हो मेरे प्रिय, अबूझ और अपूर्व..." और ज्यों ही चेखव उसकी नीले रंग की बैठक में कदम रखते, वह तुरन्त उसी भारतीय नायिका की मुद्रा में घुटनों के बल बैठ जाती और चेखव की तरफ़ बाँहें फैलाकर यही संवाद बोलती। यावोर्स्काया द्वारा अभिनीत पात्र भी 'द सी गल' नाटक में दिखते हैं मगर उनमें केवल एक सतही समानता है।

चेखव के आने पर यावोर्स्काया के इस नाटकीय अन्दाज़ का यह अर्थ नहीं कि दोनों के बीच कोई गहरा अनुराग था मगर मॉस्को में अफ़वाहें गर्म थीं और यह बात कुछ दिलचस्प है कि चेखव ने इस पूरे प्रसंग का एक अन्य मित्र—लेखक लाज़ारेक ग्रुजिन्स्की—के सामने खंडन किया था।

> चेखव के साथ अपनी दोस्ती के दौरान (लाज़ारेव ग्रुज़िन्स्की लिखते हैं) यावोर्स्काया कॉर्श के मॉस्को थिएटर में काम

कर रही थी। वह बहुत सुन्दर और आकर्षक महिला थी, बेहतरीन तो नहीं मगर अच्छी हास्य अभिनेत्री भी थी। उसके अच्छे अभिनय की बदौलत कॉर्श थिएटर में सार्दू के एक नाटक के लगातार सौ प्रदर्शन हुए...एक दिन मैं अपने अखबार के लिए—जहाँ उन दिनों काम कर रहा था—मुफ़्त टिकट लेने थिएटर गया तो पर्दे के पीछे से चेखव को निकलते देखा।

"हे ईश्वर; मैंने हैरानी से पूछा, "तुम यहाँ कहाँ? मेरा ख्याल था तुम मेलिखोवो में हो। अरे हाँ, यह तो मैं भूल ही गया था, तुम्हारी दिलचस्पी आजकल यावोर्स्कार्या में है।"

"ओह ? ये तुमसे किसने कहा?"

"क्यों, सारा मॉस्को यही बात कर रहा है।"

"ओह मॉस्को, ओह मॉस्को!" चेखव हँसे और ज़ोर-शोर से अफ़वाह का खंडन करने लगे।

मगर कहनेवालों के मुँह आसानी से बन्द नहीं हुए। जल्दी ही सुना गया कि यावोर्स्कार्या के इन्कार से दुखी चेखव ने अपनी कहानी 'एड्रिएन' में उसका मखौल उड़ाया है। मगर—जैसा कि ग्रुज़िन्स्की का अनुमान था—यह अफ़वाह शायद खुद यावोर्स्कार्या ने उड़ाई हो क्योंकि—"सबसे पहले वह एक अभिनेत्री थी और इसलिए चर्चा में बने रहना उसे अच्छा लगता था।"

जो हो, अफ़वाह पीटर्सबर्ग पहुँची और लीडिया एविलोव ने भी सुनी और नकाब वाले नृत्य में वह चेखव के ध्यान में यह बात लाने से नहीं चूकी।

29 अक्तूबर, 1896 को पीटर्सबर्ग के अलेक्ज़ेन्ड्रिस्की थिएटर में 'द सी गल' नाटक की पहली रात का जो वर्णन लीडिया एविलोव ने किया है, रूसी थिएटर के इतिहास की उस चौंका देनेवाली घटना का अब तक का सबसे सटीक विवरण है। नाटक की असफलता और पीटर्सबर्ग से चेखव के पलायन के पीछे कई बातें थीं। इस बात का

हाथ भी कम नहीं था कि नाटक का मंचन हास्य अभिनेत्री लेव्केयेवा के लाभार्थ किया गया था और हालाँकि उसने खुद अभिनय नहीं किया था, उसके दर्शक ऐसे नहीं थे कि चेखव के नाटक और विशेषकर 'द सी गल' जैसे काव्यात्मक नाटक को समझ और सराह पाते। मगर लीडिया एविलोव का यह आकलन भी शायद सही था कि नाटक की असफलता की सबसे बड़ी वजह थी पीटर्सबर्ग की साहित्यकार बिरादरी की ईर्ष्या। चेखव ने छोटी-सी आयु में प्रसिद्धि की ऊँचाइयों को छू लिया था जबकि वे अब तक अपनी पहचान बनाने के लिए ही संघर्ष कर रहे थे। यह बात उनकी चिढ़ और द्वेष का स्थायी कारण थी।

मार्च 1897 में चेखव को पहली बार रक्तस्राव हुआ। उसी साल 'अंकल वान्या' का प्रकाशन हुआ था पर नाटककार के रूप में अभी चेखव का नाम नहीं हुआ था। मॉस्को आर्ट थिएटर द्वारा 'द सी गल' का मंचन अभी नहीं हुआ था; और उनके अन्तिम दोनों नाटक–'द थ्री सिस्टर्स' और 'द चेरी आर्चर्ड' लिखे जाने अभी बाकी थे। बीमार होने के बावजूद चेखव लीडिया से मिलने मॉस्को पहुँच गए थे। इसके बाद की घटना का वर्णन लीडिया एविलोव ने बड़े ही मार्मिक ढंग से किया है। उसमें और कुछ भी जोड़ने की आवश्यकता नहीं है, मगर हाँ, यहाँ लीडिया द्वारा चेखव के लिए फूल लेकर जाना और 28 मार्च को तॉल्स्तॉय का चेखव से मिलने आना–इन दोनों घटनाओं की पृष्ठभूमि बता देना प्रासंगिक होगा।

फूलोंवाली घटना से स्पष्ट होता है कि चेखव इस बात को लेकर कि लीडिया की बदनामी न हो, कितने सजग थे। अस्पताल से चेखव ने लीडिया को लिखा था, "तुम्हारे फूल मुरझाए नहीं बल्कि और निखरते जा रहे हैं," परन्तु लेखक श्लेगोव जब चेखव से मिलने अस्पताल गए और सिरहाने रखे फूलों के बारे में अनुमान लगाया कि वे शायद किसी मॉस्कोवासिनी प्रशंसिका ने भेजे हैं, चेखव ने तुरन्त जवाब दिया, "तुम गलत कह रहे हो। ये फूल प्रशंसिका ने नहीं बल्कि प्रशंसक–मॉस्को के एक लखपति ने भेजे हैं," और श्लेगोव लिखते हैं, "वह मुझे फूल भेजता है पर यदि दस रूबल उधार माँगूँ तो मना कर देगा। जैसे मैं

जानता नहीं–अपने इन प्रशंसकों को !" सच ये है कि चेखव ने पूरी जिन्दगी में केवल एक बार एक लखपति से कर्ज़ माँगा था और मिल जाने पर, जब तक चुका नहीं लिया, चैन से नहीं बैठे।

तॉल्स्तॉय, उन सब लोगों की तरह, जिन्हें पूरा यकीन होता है कि उनके पास सभी मानवीय कष्टों को दूर करने का सरल और अचूक उपाय है–एक खास तरह के अन्धेपन का शिकार थे। जब वे चेखव से मिलने अस्पताल गए तो इस मौके पर भी चेखव को बेझिझक अपने शिष्यों में शामिल करने की कोशिश में लगे रहे। अपने प्रियजनों के उद्धार की तॉल्स्तॉय जो भी कोशिशें करते थे उनका परिणाम सामान्यतः अच्छा नहीं निकलता था और इस मुलाकात का प्रभाव भी उतना ही बुरा हुआ : चेखव का स्वास्थ्य फिर बिगड़ गया। चेखव के साथ लीडिया एविलोव के सम्बन्ध के सन्दर्भ में इस बात का विशेष अर्थ है कि चेखव के साथ मुलाकात करने के लिए तॉल्स्तॉय से लीडिया ने ही अनुरोध किया था। इरादे एकदम नेक होते हुए भी लीडिया और चेखव बार-बार एक दूसरे के कष्ट का कारण बन जाते थे।

तॉल्स्तॉय के धर्म सम्बन्धी विचारों से सहमत न होते हुए भी 'कुटिल बुद्धि बुढ़ऊ'–('वॉर एंड पीस' के लेखक को चेखव ने यही नाम दिया था)–चेखव को प्रिय थे। सन् 1900 में जब तॉल्स्तॉय गम्भीर रूप से बीमार पड़े, चेखव ने एक मित्र को लिखा :

> तॉल्स्तॉय की मृत्यु से मैं डरता हूँ क्योंकि मेरे जीवन में वह एक खाली जगह छोड़ जाएगी। एक बात तो यह कि वे मुझे किसी भी दूसरे व्यक्ति से अधिक अच्छे लगते हैं और दूसरी यह कि जब तक तॉल्स्तॉय हैं साहित्य में रहना एक सुखद अनुभूति है। हो सकता है, आप यह भी जानते हों कि अभी तक आपने कुछ भी हासिल नहीं किया है और न कभी कुछ हासिल करने की उम्मीद है। मगर इस ख्याल से कुछ ज्यादा भय नहीं लगता क्योंकि अकेले तॉल्स्तॉय की उपलब्धियाँ ही हम सबके लिए काफ़ी हैं। और फिर तॉल्स्तॉय को जो सम्मान प्राप्त है, वह अभेद्य

है, उनका प्रभाव—व्यापक और जब तक वे जीवित हैं साहित्य में फूहड़पन या किसी तरह की कुरुचि, द्वेष या दम्भ खुलेआम सिर उठाने का साहस नहीं करेंगे। ये केवल उनका नैतिक प्रभाव है जो तथाकथित साहित्यिक माहौल और आन्दोलनों को एक निश्चित स्तर की ऊँचाई तक बनाए रख सकता है...

तॉल्स्तॉय द्वारा अपनी रचनाओं की कटु आलोचना का चेखव ने कभी बुरा नहीं माना। 1902 में, याल्टा में उनसे मिलने आए लेखकों के बीच चल रही साहित्यिक चर्चा को बीच में रोककर सहसा उन्होंने गम्भीर मुद्रा में (मज़ाक करते समय चेखव की मुद्रा सदा गम्भीर रहती थी) कहा, "इस साल मैं अपना कोई भी नाटक प्रकाशित नहीं करवाऊँगा।" और जब उनसे इस सनसनीखेज़ घोषणा का मतलब पूछा गया, उन्होंने कहा, "तॉल्स्तॉय के कहने पर मैंने और नाटक लिखने का इरादा छोड़ दिया है। एक बार मैंने उनसे पूछा, क्या उन्हें मेरे नाटक अच्छे लगते हैं। 'नहीं' उन्होंने कहा। 'क्यों नहीं ?' 'क्योंकि वे तो शेक्सपीयर के नाटकों से भी अधिक निकृष्ट हैं।'

यही बात तॉल्स्तॉय ने लीडिया से भी कही थी मगर दुर्भाग्य ही था कि वे चेखव से मिलने अस्पताल गए। तॉल्स्तॉय से चेखव की इस मुलाकात का बयान श्चेग्लोव ने चेखव के हवाले से इन शब्दों में किया था :

"जानते हो, कल कौन मुझसे मिलने आया?"

अचानक बड़ा खुश दिखते हुए चेखव ने पूछा।

"नहीं, मैं तो नहीं जानता।"

"लियो तॉल्स्तॉय।"

मैं बरबस ही ज़रा उत्तेजित हो उठा।

"क्या बातें की तुमने ?" मैंने पूछा।

चेखव ज़रा गम्भीर हो गया और बचते हुए जवाब दिया :

"उनसे ज़्यादा बात नहीं की मैंने क्योंकि अधिक बोलने की अनुमति नहीं है, और फिर तॉल्स्तॉय का मैं कितना भी सम्मान क्यों न करूँ, बहुत-सी बातों में उनसे सहमत नहीं हूँ।" स्पष्ट ही वह क्षुब्ध

हो गए थे और खाँसी का दौरा एक बार फिर उठ गया।

यह स्पष्ट था (श्चेग्लोव आगे लिखते हैं) कि चेखव इस बात से अभिभूत और प्रसन्न थे कि तॉल्स्तॉय उनसे मिलने आए पर इस मुलाकात के नैतिक प्रभाव से नहीं...और यह भी उतना ही स्पष्ट था कि एक रोगी, धनहीन लेखक की शैय्या के पास बैठ तॉल्स्तॉय का उपदेश देना और आलोचना करना बिलकुल बे-मौजूँ था।

चेखव ने स्वयं सुवोरिन को लिखे एक पत्र में तॉल्स्तॉय से अपनी इस मुलाकात के प्रभाव का ज़िक्र किया है : " 'वार्ड 6' के लेखक को (वे लिखते हैं) वार्ड 16 से हटाकर वॉर्ड 14 में ले आया गया है। यहाँ ज़्यादा खुला है। दो खिड़कियाँ, तीन मेज़ें। खून ज़्यादा नहीं। जिस शाम तॉलस्तॉय मुझसे मिलने आए (हमने खूब लम्बी बात की) अगली सुबह 4 बजे मुझे फिर रक्तस्राव हुआ।"

पीटर्सबर्ग की वापसी यात्रा में लीडिया एविलोव ने ट्रेन में एक सपना देखा। कम-से-कम यह दुःस्वप्न उनके सम्बन्धों की त्रासदी को बहुत स्पष्ट रूप से उजागर करता है। एक साल बाद लीडिया को चेखव का एक पत्र मिला जिसमें उन्होंने अपने सामान्य दबे-ढँके तरीके से लीडिया का ध्यान अपनी नवीनतम कहानी 'अबाउट लव' की तरफ़ खींचा। इस बार चेखव ने अपनी कहानी की नायिका को वही वंशनाम दिया जो लीडिया का था–अलेक्सेयेव्ना। किन्तु एक विवाहिता से, जो माँ भी है, प्रेम करनेवाले पुरुष से ऊँचे आदर्शों और उद्देश्यों को लेकर चलने की अपील ने, ज़ाहिर है, लीडिया को क्रोधित ही किया (वह इस बात से भी रुष्ट थीं कि चेखव ने उन्हें इतनी छोटी कहानी का विषय बनाया)। चेखव को उन्होंने एक आक्रोश भरा पत्र लिखा और बचाव के लिए चेखव को अपने विनोदी स्वभाव की आड़ लेनी पड़ी।

लीडिया जब अगली बार मॉस्को गई, चेखव अपनी छोटी-सी जायदाद बेच चुके थे और याल्टा में रह रहे थे। माँ और बहन के लिए एक मकान वे मॉस्को में खरीदना चाहते थे (पिता की मृत्यु कुछ ही पहले, 12 अक्तूबर 1898 में हुई थी) और इसके लिए उन्होंने

लीडिया की सलाह माँगी। हालाँकि इसका नतीजा कुछ निकला नहीं क्योंकि वह मकान खरीदने लायक धन उनके पास नहीं था। उनकी आखिरी मुलाकात मई 1899 में, पहली मुलाकात के दस वर्ष पश्चात, मॉस्को रेलवे स्टेशन पर हुई। उसी दिन मॉस्को आर्ट थिएटर ने चेखव के लिए 'द सी गल' के विशेष प्रदर्शन का आयोजन किया था। उस मुलाकात का लीडिया ने सविस्तार वर्णन किया है जिसकी प्रमुख बात निश्चय ही यह थी कि चेखव लीडिया को अपने साथ 'द सी गल' दिखाने के लिए बेहद उत्सुक थे। क्या इसलिए कि वे चाहते थे कि लीडिया, जो उनके नाटक की घोर असफल प्रस्तुति देख चुकी है, अब इस प्रस्तुति को भी देख ले जिसने नाटक को इतनी बड़ी सफलता दिलाई है ? फिर हो सकता है, इसके पीछे कोई अन्य कारण हो, कोई अधिक गहरा कारण जिसका सम्बन्ध दोनों के अन्तरंग जीवन से था ? कारण जो भी रहा हो, ऐसा हो न सका और लीडिया ने दूसरी बार–पहली बार अस्पताल में जब उन्होंने एक दिन भी और मॉस्को में रहने की बात ठुकरा दी थी और अब रेलवे स्टेशन पर–चेखव का ऐसा अनुरोध अस्वीकार कर दिया जो उनके लिए बहुत मायने रखता था। दोनों ही मौकों पर अपने अस्वीकार के जो कारण लीडिया ने दिए उनमें कोई वज़न नहीं है। परन्तु बतौर लेखक चेखव ने जो आदर्श वाक्य अपना रखा था उसके सर्वथा अनुरूप थे–'जैसा भी है जीवन वही है'। और स्वयं चेखव की कोई रचना इतनी दारुण पीड़ा से भरी नहीं है जितनी उस स्त्री से उनकी यह आखिरी मुलाकात, जिसने अधिकांश लेखकीय जीवन के दौरान उनकी भावनाओं पर इतना गहरा प्रभाव डाला था। जो मिठाई वे बच्चों के लिए लाए, नीना को जैसे उछालते, दुलारते रहे, अपने रोग की याद दिलाने पर जिस तरह वे लीडिया से नाराज़ हुए, उनका यह भय कि गर्मी की पोशाक में उसे सर्दी लग जाएगी और अन्त में, ट्रेन के चलते ही बिना मुड़कर देखे उनका चले आना...सब समाप्त हो चुका था।

उस रात उन्होंने 'द सी गल' की प्रस्तुति देखी तो यह देख सन्न रह गए कि यह तो वह नाटक था ही नहीं जो उन्होंने लिखा था। यह

अनुभव उन्हें पहले भी हो चुका था, और इसके बाद भी होना था परन्तु हर बार वह उतना ही स्तम्भित करता था। इस बार उन्होंने मन की बात एक युवा प्रतिभाशाली अभिनेत्री से कही जो अर्कादिना की भूमिका निभा रही थी और जिसके साथ उन्होंने दो वर्ष बाद विवाह किया। विवाह के तीन वर्ष बाद बादेनवायलर के फ़ॉरेस्ट स्पा में, 15 जुलाई 1904 को उनका निधन हो गया।

"वे उस सुबह तड़के ही जाग गए थे," उनकी पत्नी ने लिखा है, "और पहली बार डॉक्टर बुलाने के लिए कहा। डॉक्टर आया और उनके लिए शैम्पेन मँगवाई। चेखव उठकर बैठ गए और डॉक्टर से जर्मन भाषा में ज़ोरदार और कुछ अर्थ भरी आवाज़ में कहा, 'इश स्टेर्ब', फिर गिलास उठाया, चेहरा मेरी तरफ़ मोड़ा और अपनी सुन्दर मुस्कान के साथ बोले, "अरसा हुआ शैम्पेन पिए..." उन्होंने चुपचाप शैम्पेन पी, बाईं करवट लेट गए और जल्दी ही सदा के लिए खामोश हो गए..."

–डेविड मैगार्शक

मेरी ज़िन्दगी में चेखव

एक

24 जनवरी, 1889। बड़ी बहन नाद्या का सन्देश आया, 'चेखव से मिलना है तो तुरन्त चली आओ।'

नाद्या का ब्याह एक बड़े अखबार के सम्पादक-प्रकाशक के साथ हुआ था। उम्र में वह मुझसे काफी बड़ी थी। छोटे क़द की, गोरी, बड़ी-बड़ी सपनीली आँखों और नन्हे-नन्हे हाथ-पाँववाली नाद्या से मुझे हमेशा ईर्ष्या भी रही थी और प्यार भी। उसके सामने मैं कुछ ज़्यादा ही लम्बी, गुलथुल और गुलाबी दिखती थी...फिर मैं मॉस्को में जन्मी और पली-बढ़ी थी, पीटर्सबर्ग में रहते हुए तो अभी एक साल से कुछ ही ऊपर हुआ था। बहन के घर हमेशा जानी-मानी हस्तियों का आना-जाना रहता था; अभिनेता, चित्रकार, गायक, कवि, लेखक और

उसका पूरा अतीत, रूमानी शादी–प्रेमी के साथ भागना (हमारे पिता को उसका प्रेमी नापसन्द था इसीलिए वे नाद्या को आँख से ओझल नहीं होने देते थे।) सब मिलाकर उसे मेरी दृष्टि में एक जादुई आभा से भर देता था। मेरी शादी हाल ही में विश्वविद्यालय के एक स्नातक के साथ हुई थी, मेरे पति शिक्षामन्त्रालय में सहायक सचिव थे। और मेरे अतीत में क्या था ? सिर्फ कुछ अधूरे सपने।

एक सपना मैंने देखा था–लेखिका बनने का। कहानी और कविता मैं बचपन से ही लिखने लगी थी। अपना लेखन मुझे जीवन में सबसे ज़्यादा प्यारा था, संसार में साहित्य ही मेरा सब कुछ था। मैं बहुत पढ़ाकू भी थी और चेखान्ते (लेखन के आरम्भिक वर्षों में चेखव का छद्म नाम) मेरे प्रिय लेखकों में थे, उनकी कहानियाँ नाद्या के पति सिरगेयी के अखबार में भी छपती थीं–और हर कहानी मुझे छू जाती थी। 'पीड़ा' के बूढ़े कोचवान जोनाह की व्यथा ने मुझे कितना रुलाया था। इकलौते बेटे की मौत पर अपना दुःख बाँटने के लिए उसे अपनी बूढ़ी घोड़ी के सिवा कोई दूसरा नहीं मिला। किसी को उसकी बात सुनने की फ़ुर्सत नहीं थी। लेकिन फिर ऐसा क्यों हुआ कि जब चेखव ने उसकी कथा लिखी तो सबने उसे पढ़ा, उसका दुःख अनुभव किया और कई तो रो भी पड़े ? यही तो है एक कथाकार की लेखनी का सर्वशक्तिमान जादू !

और अब यह सन्देश–'चेखव से मिलना है तो तुरन्त चली आओ।' उन दिनों मैं अपने नौ मास के नन्हे बेटे ल्योवुश्का को पालने में व्यस्त थी, वह नहाने के बाद एक लम्बी नींद सोता था इसलिए शाम को मैं खाली थी। मेरे पास एक बूढ़ी भरोसेमन्द आया भी थी जो मेरी भी आया रह चुकी थी।

मेरे पति मिख़ाइल व्यस्त थे और चेखव से मिलने को खास उत्सुक भी नहीं थे। इसलिए मैं अकेली ही गई।

जब मैं वहाँ पहुँची चेखव स्टडी में चलहकदमी करते हुए शायद कुछ

कह रहे थे। द्वार पर मुझे देखकर वे थम गए।

"आह ! मिस फ़्लोरा।" सिरगेयी चिल्लाकर बोले, "इनसे मिलिए। ये हैं मिस फ़्लोरा, अपनी ही छत्रछाया में हैं।"

चेखव तेजी से मेरे निकट आए और एक मन्द मुस्कान के साथ मेरा हाथ अपने हाथ में लिया। मुझे लगा कुछ हैरत में हैं, शायद फ़्लोरा नाम के कारण। मेरी ताजा रंगत और घने बालों के कारण, जिनकी मैं उन दिनों दो लम्बी-लम्बी, मोटी चोटियाँ बनाती थी–सिरगेयी ने मुझे यह नाम दिया था।

"आपकी हर कहानी इसे याद है," सिरगेयी ने बात आगे बढ़ाई, "और सैकड़ों तो इसने आपको खत लिख डाले होंगे। हाँ, संकोची इतनी है कि कभी हाँ नहीं कहेगी।"

मैंने देखा चेखव की आँखें कुछ सिकुड़ी-सी दिखती हैं, कड़कदार, सफेद कॉलर पट्टे की तरह गर्दन के गिर्द खड़ा था और टाई भी बेतुकी-सी थी।

मेरे बैठ जाने के बाद उन्होंने दोबारा चलहक़दमी शुरू कर दी और अपनी बात कहने लगे, मालूम हुआ कि वे अपने नाटक इवानोव के मंचन के सिलसिले में पीटर्सबर्ग आए हैं, लेकिन अभिनेताओं से सन्तुष्ट नहीं हैं क्योंकि उनमें उन्हें अपने चरित्र दिखाई नहीं देते। उन्हें आशंका थी कि उनका नाटक सफल नहीं होगा। इसे लेकर वे इतना अधिक चिन्तित और निराश थे कि उनके मुँह से खून आने लगा था। इसके अलावा यह शहर भी उन्हें रास नहीं आ रहा था। जल्दी-से-जल्दी अपना काम खत्म करके वे वापस जाना चाहते थे। उन्होंने कसम खाई कि अब वे कभी रंगमंच के लिए नहीं लिखेंगे। यूँ उन्हें अभिनेताओं से कोई शिकायत नहीं थी, सब बहुत सधे कौशल से अभिनय कर रहे थे--बस उनके अभिनय का नाटक के चरित्रों से कुछ लेना-देना नहीं थां, वह कुछ अलग ही चीज़ थी।

नाद्या ने आकर बताया कि खाना लग चुका है। सिरगेयी उठे, और उनके पीछे सारे मेहमान। हम खाने के कमरे में गए जहाँ दो मेज़ें

लगी हुई थीं, एक बड़ी मेज़ पर रात का खाना लगा था और दूसरी छोटी मेज़ पर बोतलें थीं और कुछ छोटी-मोटी खाने की वस्तुएँ। मैं सबसे हटकर दीवार से सटी हुई खड़ी थी। हाथ में प्लेट पकड़े चेखव मेरे करीब आए, मेरी चोटी पकड़ी और बोले, "ऐसी चोटियाँ तो मैंने पहले कहीं नहीं देखीं।"

मैने सोचा शायद ये मुझे सिरगेयी की मिस फ़्लोरा ही समझ रहे हैं, इसीलिए यह बेतकल्लुफी है। अगर इन्हें मालूम हो कि मैं विवाहित हूँ और एक बच्चे की माँ भी तो ये...

खाने की मेज़ पर चेखव मेरी बगल में बैठे।

"ये लिखती भी हैं," सिरगेयी ने चेखव को बताने की कृपा की, "इनके अन्दर कुछ है ज़रूर...एक चिंगारी...और विचार भी...ज़्यादा तो नहीं पर हर कहानी में कुछ-न-कुछ होता ज़रूर है।"

चेखव मुस्कराते हुए मेरी ओर घूमे, "लेखक को वही लिखना चाहिए जो उसने देखा और भोगा है–पूरी सच्चाई और ईमानदारी के साथ। मुझसे अक्सर पूछा जाता है कि किसी कहानी के पीछे मेरा अभिप्राय क्या था। ऐसे प्रश्नों के उत्तर मैं कभी नहीं देता। मेरा काम है लिखना और," वे मुस्कुराकर बोले, "मैं जिस विषय पर कहो लिख सकता हूँ। कहो तो इस बोतल पर 'बोतल' शीर्षक की एक कहानी लिखकर दिखाऊँ। जीवन का अनुभव विचार को जन्म दे सकता है लेकिन विचार अनुभव को जन्म नहीं दे सकता।"

एक मेहमान की आपत्ति को उन्होंने ध्यान से सुना, सोचते हुए माथे पर कुछ बल पड़े फिर वे कुर्सी की पीठ के साथ टिक गए।

"आपका कहना बिलकुल सही है," वे बोले, "लेखक सिर्फ़ चहकनेवाली चिड़िया नहीं है। फिर मैं कहाँ कहता हूँ कि हर समय चहको। मैं अगर जिन्दा हूँ, सोचता हूँ, लड़ता हूँ, सहता हूँ तो यह सब मेरे लेखन में झलकेगा ही। मैं जीवन को उसके यथार्थ रूप में कलात्मक दृष्टि से तुम्हारे सामने रखूँगा...और तुम उसमें वह सब देख पाओगे जो तुम्हें पहले नहीं दिखाई दिया था; उसकी तमाम विसंगतियाँ और

असामान्यताएँ...''

अचानक वे मेरी तरफ मुड़े और पूछा, ''क्या तुम इवानोव की पहली प्रस्तुति देखने आओगी ?''

''लगता तो नहीं है—फिर टिकट मिलना इतना आसान नहीं होगा।''

''मैं भिजवा दूँगा,'' वे जल्दी से बोले, ''तुम क्या यहीं रहती हो ? खुदेकोव के साथ।''

मैं हँसी।

''अब मैं आपको बता दूँ कि मैं न तो मिस फ़्लोरा हूँ और न श्री खुदेकोव की छत्रछाया में हूँ, ये नाम तो यूँ ही दिल्लगी में इन्होंने मुझे दिया है। मैं श्रीमती खुदेकोव की बहन हूँ और भला सोचिए—विवाहित भी हूँ और एक बच्चे की माँ भी—और इसलिए अब मुझे घर जाना चाहिए। क्योंकि मेरा नन्हा दूध पीता बच्चा है।''

सिरगेयी ने मेरी बात सुन ली थी। वे चिल्लाकर बोले, ''मिस फ़्लोरा, अगर वहाँ तुम्हारी ज़रूरत होगी तो वे लोग तुम्हें बुला लेंगे। ये यहीं पास ही तो रहती हैं,'' उन्होंने चेखव को बताया। ''तुम बैठो अभी, तुम्हारा बेटा सो रहा है। इन्हें जाने मत दीजिएगा चेखव साहब।''

चेखव ने झुककर मेरी आँखों में देखा, ''आपका बेटा भी है ?'' वे बोले, ''अरे वाह !''

कभी-कभी किसी घटना के अर्थ को पूर्ण रूप से समझा पाना, बल्कि स्वयं उसे समझ पाना भी कितना दुष्कर होता है। और फिर वास्तव में घटा तो कुछ था भी नहीं। हमने सिर्फ़ नजर भर एक-दूसरे को देखा था...पर उस एक नजर में क्या कुछ नहीं था। ऐसा लगा जैसे अन्तरतम में कुछ प्रस्फुटित हुआ—उमंग, उल्लास और आनन्द की जैसे हजार आतिशें जल उठीं। इस अनुभव में मैं अकेली नहीं थी बल्कि चेखव भी मेरे साथ थे। हमने एक-दूसरे को देखा—चकित और प्रमुदित...

''मैं दोबारा यहाँ आऊँगा,'' चेखव बोले, ''हम फिर मिलेंगे न ?

अभी तक तुमने जो कुछ भी लिखा है, या छपवाया है, मुझे देना। मैं बहुत ग़ौर से पढ़ूँगा। ठीक ?''

घर आकर देखा, आया मेरे नन्हे ल्योवुश्का को, जो एकदम रुआँसा हो रहा था, कसकर कपड़े में लपेट रही है।

''अरे मेरे बेटे—मुन्ना !'' हँसते हुए प्रसन्न मन से मैं बोली।

मिख़ाइल मेरे पीछे-पीछे नर्सरी में आए और नाराजगी से बोले, ''ज़रा आइना तो देख लो, एकदम लाल भभूका हो रही हो और ऐसी उखड़ी-उखड़ी क्यों हो ? और ये दो चोटियाँ कितनी बेतुकी लगती हैं...अपने चेखव को प्रभावित करना चाहती थीं ? ल्योवुश्का यहाँ रो रहा है और माँ हैं कि उसे किसी साहित्यिक जीव से आँखें लड़ाने से फुर्सत नहीं है।''

मिख़ाइल के लिए साहित्यिक जीव और लंतरानियाँ हाँकनेवाले बकवासी में कोई अन्तर नहीं था। इतना मैं जानती थी।

''क्या 'चेखव' सिर्फ़ साहित्यिक जीव हैं ?'' ख़ुश्क आवाज में मैंने पूछा।

ऐसा लगा जैसे भीतर सब निस्पन्द हो गया। आनन्द के जिस उजास ने मेरे संसार को दीप्त कर दिया था वह धूमिल पड़ गया..वह क्षण बीत चुका था। अब सब पहले की भाँति ही था। क्या ज़रूरी है कि हमारा जीवन सरल हो, सुन्दर ही हो ? कौन कहता है ?

दो

चेखव से मिले तीन बरस बीत गए। अक्सर उनकी याद आती और मुझे एक स्वप्निल उदासी से भर जाती। इस बीच मैं तीन बच्चों की माँ बन गई थी—ल्योवा, लोद्या और नन्ही नीना। मिख़ाइल आदर्श पति थे। आय बढ़ाने के लिए उन्होंने शाम को काम करना शुरू कर दिया था और अपना सारा खाली समय वे बच्चों की देखभाल करने और उनके साथ खेलने में बिताते थे।

इसमें शक नहीं कि हमारा पारिवारिक जीवन हँसी-खुशी गुज़र रहा था। एक दिन मिख़ाइल मुझसे बोले, "तो तुम्हारे पंख कतर दिए गए हैं, क्यों ?"

कभी मैंने अपना जीवन साहित्य को समर्पित करना चाहा था।

गाल्तसेव (मॉस्को के मासिक 'रूसी विचार' जिसमें चेखव की कई कहानियाँ छपी थीं, के सम्पादक) ने एक बार मुझसे कहा कि मैं अपनी सारी कहानियाँ उन्हें दिखाऊँ और फिर बाद में मुझे सलाह दी कि मैं अपने लेखन को गम्भीरता से लूँ, वे मुझे समझाते थे कि मेरी कहानियों में कहाँ, क्या खामी रह गई है और फिर दोबारा उन कहानियों को लिखवाते थे। कभी वे मुझसे कहते, "यह तो बहुत अच्छा बन पड़ा है। छपने के लायक है। लेकिन इतनी उतावली नहीं, अभी तुम और मेहनत करो।" जब मैंने उन्हें बताया कि मेरी शादी होने जा रही है तो वे निराश हो गए, "बस, फिर तो हो गया। अब भूल जाओ कि लेखिका-वेखिका बनोगी !" तभी मैंने संकल्प किया कि मैं कभी अपनी शादी को लेखन में बाधा नहीं बनने दूँगी। पर यह मेरी भूल थी। अब मेरे विवाहित जीवन में लेखन के लिए समय ही नहीं था। यूँ तो मेरे पास एक नौकरानी और एक रसोइया भी था और शायद ऊपर से देखने में मेरे पास समय ही समय था जिसे मैं जैसे चाहूँ बिता सकती थी। लेकिन यह सिर्फ भ्रम था। घर के छोटे-मोटे कामों में सारा दिन निकल जाता था। खरीदारी भी मुझे ही करनी होती थी और वह भी मिख़ाइल के निर्देशों के अनुसार : मॉर्सकाया स्ट्रीट से कॉफी, सेदोवाया स्ट्रीट से क्रीम, नेव्स्की एवेन्यू से तम्बाकू वगैरह-वगैरह।

रोस्ट की चटनी भी रसोइए पर नहीं छोड़ी जा सकती थी, मुझे ही बनानी पड़ती थी। मिख़ाइल के लिए सिगरेट भी मुझे ही तैयार करनी होती थी—लेकिन सबसे बड़ी मुसीबत तो दरवाजों को लेकर थी। पूरे दिन दरवाजे कसकर बन्द रखने होते थे, कहीं खाना पकने की गन्ध दूसरे कमरों में न पहुँच जाए, शाम को वे खुले छोड़े जाते ताकि ताज़ी हवा धर के कोने-कोने में भर जाए। शाम को दफ़्तर से आने पर मिख़ाइल की नाक में रसोई की ज़रा भी गन्ध पहुँची कि मेरी शामत आई। एक शाम जब वे अपनी थीसिस लिखने बैठे तो मैं अपने सोने के कमरे में गई। अभी मैंने पांडुलिपि उठाई ही थी कि बुलाहट हुई। "कमरे का दरवाजा बन्द क्यों है ? खोलो इसे। और आप वहाँ क्या

कर रही हैं ? इधर आइए।"

"मैं लिखना चाहती हूँ।"

"आप लिखना चाहती हैं पर मेरी तो मजबूरी है लिखना। इस वाक्य में अटक गया हूँ जरा आकर मदद कर दीजिए, आदरणीय लेखिकाजी।" या फिर वे कमरे में टहलते हुए सीटी पर कोई धुन बजाने लगते। मैंने जब अलग हो जाने का सुझाव दिया तो बरस पड़े।

"क्या ज़रूरत है ? जरा सोचो, सारे झगड़े और गलतफहमी की जड़ में तुम्हारी जिद ही तो है। कायदे से चलने की आदी नहीं हो तुम, हर वक्त मनमानी करना चाहती हो और समझती हो कि यही आजादी है। दफ्तर के काम से क्या मुझे ऊब नहीं होती लेकिन फिर भी मैं करता हूँ। जानती हो क्यों ? क्योंकि तुम शहर में रहना चाहती थीं। देहात में मैं ठाठ से बड़े आदमी की तरह ज़िन्दगी बसर कर सकता था लेकिन नहीं, तुम्हें वह मंजूर नहीं था। मैंने तो तुम्हारी बात मान ली फिर तुम क्यों नहीं एक अच्छी गृहिणी की तरह अपनी गृहस्थी में मन लगातीं। क्या तुम सचमुच चाहती हो कि मैं ज़िन्दगी-भर तुम्हारी सुन्दरता का बखान करता रहूँ ? तारीफ के पुल बाँधता रहूँ ? और आज तुम मुझसे तलाक चाहती हो ? तुम ? शर्म आनी चाहिए तुम्हें।"

मैं बखूबी जानती थी कि वे मुझे पहले से कुछ ज़्यादा ही चाहते हैं, कम नहीं, और यह भी कि मेरे बिना वे जी नहीं सकते। और फिर हमारी पहली सन्तान होनेवाली थी और हम दोनों में ही सन्तान के लिए तीव्र इच्छा थी।

बेटे के जन्म ने हमें परिवार का सुख दिया। अब हम पहले की तरह झगड़ते नहीं थे और ज़्यादा आसानी से सुलह कर लेते थे। फिर हमारे दो बच्चे और हुए और फिर तो तलाक या अलगाव की बात सोचना भी सम्भव न रहा। मेरे पंख कतर दिए गए थे। घर-परिवार की ज़रूरतों को पूरा करने के लिए मिख़ाइल को अब कड़ी मेहनत करनी पड़ रही थी।

इन तीन बरसों में हम एक-दूसरे के आदी हो गए और दोस्त

बन गए थे। मिख़ाइल के गुस्से को झेलना अब उतना तकलीफ़देह नहीं रहा था। बाद में वे हमेशा अफसोस करते और भूल सुधारने की भरसक कोशिश करते थे। खाली समय में, मेरे लिखने पर आपत्ति करना भी उन्होंने लगभग बन्द कर दिया था और धीरे-धीरे मेरी कहानियाँ भी छपने लगीं। मेरा जीवन अब सुख-सन्तोष से भरा-पूरा लगता था।

फिर क्यों मेरे भीतर यह गहरी ऊब और उदासी थी ?

तीन

जनवरी, 1892। सिरगेयी के अखबार की स्थापना की पच्चीसवीं वर्षगाँठ का समारोह था। समारोह की शुरुआत प्रार्थना से होनी थी और फिर सारे मेहमानों को बैठक में जाना था। वहाँ एक बड़ी सी मेज़ पर खाने की व्यवस्था की गई थी। खाने का कमरा मेहमानों के लिए छोटा पड़ रहा था, इसलिए वहाँ पर प्रार्थना-सभा का इन्तजाम था।

बैठक से खाने के कमरे तक पहुँचने के लिए प्रवेश द्वार से आनेवाले जीने के सबसे ऊपर चौड़े स्थान को पार करना होता था। जीने के सामने की पूरी दीवार पर एक बड़ा सा आईना लगा था। मैं बैठक के दरवाजे में खड़ी थी जहाँ मैं किसी को नहीं दिख रही थी लेकिन जीना चढ़नेवाले मेहमानों को मैं ऊपर पहुँचने से पहले आईने

से देख सकती थी। आनेवाले कुछ महमानों को मैं जानती थी और कुछ को नहीं।

एक उबाऊ दिन मेरे सामने था जिसकी कल्पना से ही मुझ पर उदासी छा रही थी। ज़रूर मुझे किसी बड़ी हस्ती के साथ बिठा दिया जाएगा जिसकी मुझे मिजाज़पुर्सी करनी होगी। खाने-पीने का दौर घंटों चलता रहेगा और मुझे पूरे समय बातचीत को रोचक बनाने, जिन्दादिल और खुशमिजाज दिखने की पूरी कोशिश करनी होगी।

अचानक मैंने आईने में दो लोगों को जीना चढ़ते देखा। कभी-कभी कोई छवि पहली नजर में ही मन में इतनी गहरी उतर जाती है कि भुलाए नहीं भूलती। आज भी सुवोरिन का बेढब-सा सिर और बगल में चेखव का वह युवा सुन्दर मुखड़ा मेरी आँखों के सामने है। उन्होंने अपने दाहिने हाथ से बालों की एक लट पीछे सँवारी। उनकी आँखें सिकुड़ी थीं और होंठ नामालूम ढंग से हिल रहे थे। वे ज़रूर कुछ कह रहे होंगे लेकिन मैं सुन नहीं सकती थी। प्रार्थना का समय हो गया था, सारे मेहमान खाने के कमरे में जमा हो गए और प्रार्थना शुरू हो गई। मैं भी भीड़ में शामिल थी। मुझे चेखव के साथ अपनी पहली मुलाकात याद आई...और याद आई वह अबूझ, अनूठी अनुभूति जिसने अनायास ही हमें एक-दूसरे के इतना निकट ला दिया था। क्या अब वे मुझे पहचानेंगे ? क्या उन्हें मेरी याद होगी ? क्या उस अनुभूति को जिसने तीन बरस पहले मेरे भीतर उजाला भर दिया था हम फिर जी सकेंगे ?

संयोग से ही हम भीड़ में एक-दूसरे के सामने पड़ गए और प्रफुल्लित हो एक-दूसरे की ओर हाथ फैला दिए।

"मैंने सोचा नहीं था कि आप यहाँ मिलेंगे," मैं बोली।

"मैंने तो सोचा था," उनका जवाब था, "आओ, चलकर कहीं बैठते हैं, पहले की तरह, ठीक है न ?"

हम बैठक में आ गए।

"यहाँ अपने लिए जगह चुन लें ?"

"क्या फ़ायदा ?" मैंने सिर हिलाया, "आपको तो अपनी प्रतिष्ठा के अनुरूप बड़ी-बड़ी प्रतिभाओं के बीच बैठाया जाएगा। मेरा मतलब है जहाँ तक हो सकेगा सिरगेयी के पास।"

"क्या ही अच्छा होता, काश हम यहाँ बैठ पाते, खिड़की के करीब, कोने में।"

"होता तो सही, लेकिन ऐसा होगा नहीं। वे सब आपको खींच ले जाएँगे।"

"मैं ऐसा होने दूँगा तभी न," चेखव हँस रहे थे," मैं उनकी चलने ही नहीं दूँगा।"

हम दोनों वहाँ बैठ गए, हँसते खिलखिलाते, हमें अलग करने के लिए होनेवाले सारे प्रयासों को विफल करने के लिए तैयार।

"ये चेखव महोदय कहाँ गायब हैं ?" सिरगेयी ने अचानक ऊँची आवाज में पूछा। "एंटन पावलोविच, मैं पूछता हूँ..."

नाद्या भी चेखव को पुकारती हुई ढूँढ़ रही थी। चेखव अपनी कुर्सी पर ज़रा सा ऊपर उठे। चुपचाप बालों को पीछे किया।

"अच्छा तो आप यहाँ विराजमान हैं ! आपकी महिला मित्र के लिए यहाँ भी स्थान है। कृपया आप..."

"ओह, उन्हें रहने भी दो," यह अप्रत्याशित स्वर नाद्या का था, "अगर उन्हें यही जगह पसन्द है तो..."

सिरगेयी हँसे और फिर चुप हो गए।

"देखा, कैसे सब हमारे मन का हो गया ?" चेखव ने कहा, "हमारी जीत हुई न।"

"क्या आप यहाँ बहुत से लोगों से परिचित हैं ?" मैंने पूछा।

"क्या तुम्हें ऐसा नहीं लगा था," चेखव ने मेरे सवाल का जवाब नहीं दिया। "तीन साल पहले जब हम मिले थे तो क्या तुम्हें ऐसा नहीं लगा था कि हमारा परिचय पहली बार हुआ हो, मगर हमारी जान-पहचान पुरानी है और हमने एक लम्बे बिछोह के बाद एक-दूसरे को पाया है ?"

“हाँ...” मैं कुछ असमंजस में बोल रही थी।

“बिलकुल ! मैं जानता था। मैं जानता था कि वह अनुभूति इकतरफा हो ही नहीं सकती। जैसे हम एक लम्बे समय से एक-दूसरे को जानते आए हैं, और फिर यह कितनी अजीब बात है कि मुझे तुम्हारे बारे में और तुम्हें मेरे बारे में कितना कम मालूम है।”

“इतनी अजीब भी नहीं ! आखिर हमारा विछोह बहुत लम्बा था। मत भूलिए कि हमारा सम्बन्ध इस जन्म का नहीं किसी भूले-बिसरे दूसरे जन्म का है।”

“और उस जन्म में क्या सम्बन्ध था हमारा ?”

“पति-पत्नी का तो नहीं ही रहा होगा,” मैं तेजी से बोली।

हम दोनों ने ठहाका लगाया।

“लेकिन हम प्रेम करते थे। तुम्हारा क्या खयाल है ?–युवा प्रेमी-प्रेमिका–और हमारी मृत्यु जहाज डूबने से हुई थी।” चेखव अपनी कल्पना के घोड़े दौड़ा रहे थे।

“ओह हाँ, हाँ। कुछ याद तो पड़ता है।” मैंने हँसकर कहा।

“देखा ? मैं बिलकुल सही कह रहा हूँ।...काफी देर तक हम लहरों से जूझते रहे थे। तुम्हारी बाँहे मेरे गले में थीं...”

“वह तो डर के मारे ऐसा हो गया था। मुझे तैरना नहीं आता न ! ज़रूर मेरे ही कारण आप भी डूबे होंगे।”

“सच तो यह है कि मैं भी कोई बढ़िया तैराक नहीं हूँ। ज़्यादा सम्भावना इस बात की है कि पहले मैं नीचे गया और तुम्हें भी ले डूबा।”

“क्यों अपने को दोष देते हैं। अच्छी बात तो यह है कि अब हम फिर मिल गए हैं, दोस्तों की तरह।”

“और तुम्हें मुझ पर पूरा भरोसा है ?”

“मैं कैसे आप पर भरोसा कर सकती हूँ ?” मैंने आश्चर्य से पूछा। “आपने तो बचाने के बजाय मुझे डुबा दिया था।”

“लेकिन तुमने मेरी गर्दन छोड़ी क्यों नहीं ?”

इस दौरान लोग चेखव को भूले नहीं थे। वे उन्हें पुकारते, सवाल पूछते, अभिवादन करते या फिर कहानियों की प्रशंसा कर रहे थे।

"मेरी अपने पड़ोसी से अभी यही बात हो रही थी कि आपकी कहानियाँ कितनी मज़ेदार होती हैं !...बिलकुल मिठाई की तरह।"

इस 'मिठाई' पर हमें हँसी आ गई और बहुत देर तक हम एक-दूसरे को देख-देखकर हँसते रहे।

"मैंने आपकी कितनी प्रतीक्षा की थी," मुझे अकस्मात् एक भूली बात याद आई। "कितनी प्रतीक्षा की थी आपकी ! मेरा मतलब है शादी के पहले, जब मैं मॉस्को में रहती थी।"

"सचमुच तुमने मेरी प्रतीक्षा की थी ? क्यों ?" चेखव को आश्चर्य हुआ।

"क्योंकि आपसे मिलने की बेतरह इच्छा थी मन में। मेरे भाई का एक दोस्त था–पॉपॉव। उसने मुझसे कहा कि वह आपसे अक्सर मिलता है और आप इतने अच्छे हैं कि अगर वह आपको हमसे मिलने के लिए बुलाए तो आप इनकार नहीं करेंगे। पर आप तो आए नहीं।"

"यह कौन है तुम्हारा–पॉपॉव–याद नहीं पड़ता। में उससे कभी मिला हूँ क्या, खैर, उसे बता देना कि आज से वह मेरा दुश्मन है," गम्भीर मुद्रा में चेखव ने कहा।

फिर हम मॉस्को, गॉल्तावे और मासिक 'रूसी विचार' के बारे में बात करते रहे।

"पीटर्सबर्ग मुझे सख्त नापसन्द है," चेखव ने तीन बरस पहले की अपनी राय दोहराई, "निहायत ही ठंडा और बेजान शहर है...और तुम भी बहुत बुरी हो। मुझे कुछ भेजा क्यो नहीं तुमने ? मैंने खासतौर पर तुमसे माँगा था। याद है ? मैंने तुमसे तुम्हारी कहानियाँ माँगी थीं।"

लोग जाम टकराने के लिए आने लगे...चेखव उनसे मिलने के लिए उठे, आँखें झुकाए-झुकाए अपनी तारीफ और शुभकामनाएँ सुनते रहे। फिर राहत की साँस के साथ बैठ गए।

"देख लिया मशहूर होने का अंजाम ?" मैंने छेड़ा।

“भाड़ में जाएँ सब लोग,” चेखव बोले, “इन कम्बख्तों में से किसी ने भी मेरी लिखी एक पंक्ति भी नहीं पढ़ी होगी और अगर पढ़ी भी होगी तो गालियाँ ही दी होंगी। इस वक्त मुझे शब्दों की नहीं, संगीत की ज़रूरत महसूस हो रही है। संगीत क्यों नहीं ? यहाँ रूमानियत का बैंड होना चाहिए। संगीत तो निहायत ज़रूरी है। और तुम्हारी उम्र क्या है ?” उन्होंने अचानक पूछा।

“अट्ठाईस।”

“और मैं बत्तीस का हूँ। तीन साल पहले जब हम मिले थे तुम पच्चीस की थीं और मैं उनतीस का। कितने कमसिन थे हम।”

“मैं जब पच्चीस की नहीं थी, और अभी मैं अट्ठाईस की पूरी नहीं हुई हूँ। मई में हो जाऊँगी।”

“और मैं बत्तीस का हूँ। कितनी गलत बात है।”

“मेरे पति मुझे अक्सर याद दिलाते रहते हैं कि अब मैं युवती नहीं रही। वे मेरी उम्र हमेशा दो साल बढ़ाकर ही बताते हैं। इसीलिए मैं भी कुछ बढ़ा ही देती हूँ।”

“युवती नहीं हो ? सत्ताईस साल में ही ?”

मेहमान मेज़ से उठने लगे थे। खाने का दौर तीन घंटे तक चला था लेकिन मेरे लिए तो यह समय जैसे पंख लगाकर उड़ गया। मैंने देखा मिख़ाइल भीड़ से निकलकर मुझ तक पहुँचने की कोशिश में थे। एकदम मैं जान गई कि उनका मिजाज ठीक नहीं है।

“मैं घर जा रहा हूँ,” मिख़ाइल ने कहा, “और तुम ?”

“मैं अभी ठहरूँगी,” मैंने कहा।

“हाँ-हाँ क्यों नहीं ?”

मिख़ाइल का परिचय मैंने चेखव से करवाया।

दोनों ने हाथ मिलाया। मिख़ाइल का चेहरा भावहीन और रूखा बना रहा—लेकिन इसमें हैरत की क्या बात थी ? हैरत मुझे तब हुई जब मैंने चेखव की ओर देखा। पहले उन्होंने मुस्कुराने की कोशिश की लेकिन असफल रहे। फिर उन्होंने कुछ गर्व के साथ अपना सिर

पीछे की ओर झटका। दोनों ने एक-दूसरे से एक शब्द भी नहीं कहा। मिख़ाइल तुरन्त ही चले गए।

मैं रुकी, पर अधिक देर नहीं : मेहमानों को जाने की जल्दी थी। घर में तूफान के आसार थे। ज़ाहिर है खाने के लिए हमारा एक साथ बैठना, इतना घुट-घुटकर बात करना मिख़ाइल को सख़्त नागवार गुजरा था।

लेकिन यह घटना क्या रूप लेनेवाली है इसका मुझे भान भी न था। मिख़ाइल के एक शुभचिन्तक मित्र ने उन्हें बताया कि वर्षगाँठ के समारोह के बाद चेखव अपने मित्रों के साथ रेस्त्राँ में गए और नशे में धुत्त होकर शेखी बघारने लगे—कि वे मुझे मिख़ाइल से छीन लेंगे और तलाक दिलवाकर शादी कर लेंगे। और यह भी कि उनके मित्रों ने उन्हें खूब उकसाया, सब तरह से मदद करने का वचन दिया और उत्साह में उन्हें अपने कन्धों पर उठा लिया। गुस्से से मिख़ाइल आगबबूला हो उठे।

मैं स्तब्ध रह गई। जब कुछ होश आया और मैं जरा सोचने के काबिल हुई तो लगा कि ऐसा तो सम्भव नहीं है। ज़रूर किसी ने मेरी नजरों में चेखव को गिराने के लिए और मिख़ाइल को उनके खिलाफ भड़काने के इरादे से यह कहानी गढ़ी है...किसका यह काम हो सकता है ? मेरे खयाल में मिख़ाइल से सिर्फ दो ही व्यक्ति यह बात कह सकते थे। उनमें से एक तो सन्देह से परे था; और जहाँ तक दूसरा...एकदम मुझे याद आया कि यह दूसरा व्यक्ति खाने की मेज़ से दूसरी ओर कुछ दूरी पर बैठा था और बहुत कुढ़ा-कुढ़ा दिख रहा था। वह कई लम्बे-लम्बे उपन्यासों का लेखक था लेकिन उसकी ओर कोई ज़्यादा ध्यान नहीं दे रहा था। न ही उसे मेज़ के ऊपरी सिरे पर महत्त्वपूर्ण मेहमानों के बीच बैठाया गया था। चेखव की चापलूसी तो वह खूब कर रहा था और उनकी रचनाओं की प्रशंसा भी; पर मन-ही-मन वह चेखव से नफरत करने की हद तक जलता था इसमें मुझे सन्देह नहीं था। बाद में मेरी यह आशंका सच साबित हुई।

भोजन के बाद यूँ ही सरसरी तौर पर वह बोला था,'' ऐसा चहकते हुए तो मैंने आपको कभी नहीं देखा था।''

'ज़रूर वही है।' मैंने सोच लिया, 'और कोई नहीं हो सकता। वही है जिसने यह कहानी गढ़ी है और शहर-भर में फैलाई है।' पूछताछ करने पर मुझे यह भी पता चल गया कि समारोह की रात वह उसी रेस्त्राँ में मौजूद था।

अपना सन्देह मैंने मिख़ाइल से कहा।

''मनगढ़न्त ? हो सकता है। हाँ उसी ने तो मुझसे कहा था।'' मिख़ाइल ने स्वीकार किया, ''अरे छोड़ो सब जानते हैं कि कितना बड़ा पाजी है वह।

मेरे सिर से एक बहुत बड़ा बोझ उतर गया।

चेखव से विदा होते वक्त मैंने खत लिखने और अपनी कहानियाँ भेजने का वादा किया था। अब तय कर लिया कि नहीं करूँगी पर खत लिखते समय मैं उन्हें उनकी नासमझी के लिए टोकने से खुद को न रोक सकी। तुरन्त जवाब मिला :

तुम्हारे पत्र से मुझे दुःख भी हुआ और उलझन भी। इस सबका अर्थ क्या है ? मेरी अपनी एक मर्यादा है और अपना औचित्य सिद्ध करना मैं ज़रूरी नहीं समझता। और फिर तुम्हारा आरोप इतना अस्पष्ट है कि मुझे समझ नहीं आ रहा कि किस भूल के लिए क्षमायाचना करूँ। जितना मैं जान पाया हूँ मेरे खिलाफ कोई कहानी फैलाई जा रही है। क्या यही बात है ?

मेरी तुमसे विनती है (यदि तुम मेरा उतना ही विश्वास कर सको जितना इन कहानियों को फैलानेवाले पर करती हो) कि पीटर्सबर्ग में मेरे बारे में जो किस्से गढ़े जाते हैं उन पर यकीन मत करना...और नहीं तो उन सभी किस्सों को मान लो जो मेरे बारे में मशहूर हैं—कि मेरी शादी एक अमीरजादी से हुई है, कि अपने सभी मित्रों की पत्नियों के साथ मेरे सम्बन्ध हैं वगैरह..वगैरह। भगवान के लिए अपने को सँभालो। वैसे भी क्या अन्तर पड़ता है। अफवाह के लिए अपनी सफाई

देना...व्यर्थ है। तुम जो चाहो सोच सकती हो...

...मैं आजकल देहात में रहता हूँ। यहाँ कड़ाके की सर्दी है, इस समय मैं बर्फ हटाकर तालाब में डाल रहा हूँ और फिर कभी पीटर्सबर्ग न जाने के अपने फैसले पर बहुत खुश हूँ।

चेखव के साथ खतो-किताबत की ऐसी शुरुआत ! फिर कभी पीटर्सबर्ग न आने के उनके फैसले से मेरा दिल डूब गया। क्या मैं उन्हें फिर कभी नहीं देख पाऊँगी ? मेरे 'सुखी पारिवारिक जीवन' में अब कोई रोशन दिन नहीं होगा ?

यह विचार आते ही दिल में शूल-सा उठता था।

चार

कभी जब जीवन में ऐसे कुछ दिन आते जब घर में सब ठीक-ठाक रहता—बच्चे स्वस्थ, मिख़ाइल शान्त और तुष्ट—मैं अक्सर सोचती थी कि मेरे भाग्य में इससे बड़ा सुख नहीं है। बेशक मेरी साहित्यिक उपलब्धियाँ भी मुझे खुशी देती थीं और चेखव के पत्र तो थे ही, पर मेरे पास ज़्यादा लिखने के लिए वक्त ही कहाँ रहता था। अक्सर तो बच्चे ही बीमार रहते, कभी इकट्ठे तो कभी एक-एक करके। और तब मैं रात-दिन उन्हीं की फिक्र और सेवा में लगी रहती थी। और

कभी जब यक-ब-यक मिख़ाइल का चिड़चिड़ा स्वभाव फिर अपना सिर उठाता तो मेरी लाख कोशिश के बावजूद कुछ-न-कुछ अप्रिय घटकर ही रहता था। और तब मुझे भीषण दुःख पहुँचता था।

चेखव के खत मैं चोरी-छिपे, डाकघर जाकर लेती थी। डरती थी कहीं कोई खत मेरी अनुपस्थिति में, बेमौक़ा न पहुँच जाए। लेकिन मिख़ाइल को इस बात की जानकारी थी कि हम एक-दूसरे को खत लिखते हैं। चेखव का एकाध ख़त मैं कभी-कभी मिख़ाइल को भी दिखाती थी।

''देखा, ये पत्र मेरे कितने काम के हैं, उनकी सलाह से मुझे बहुत मदद मिलती है।''

''मेरी दिलचस्पी यह देखने में है कि तुम अपने खतों में क्या बकवास लिखती हो। दिखाओगी तुम मुझे अपने खत ? हैं ?''

नहीं। मैंने कभी मिख़ाइल को अपने खत देखने नहीं दिए। एक दिन मेरी बहन मुझसे मिलने आई।

''आज रात मिख़ाइल के बिना आने की कोशिश करना,'' उसने कुटिल मुस्कान मेरी तरफ फेंकी, ''भूलना मत, मिख़ाइल के बिना।''

''बात क्या है ?'' मैं अपनी उत्सुकता दबा नहीं पाई।

''आकर देख लेना...अच्छा बताओ तो मैं किसके बारे में सोच रही हूँ ? तुम नहीं बता पाओगी...एक उबाऊ कहानी।''

''मेरे पल्ले तो कुछ नहीं पड़ा।''

''अरे, 'एक उबाऊ कहानी' नहीं पढ़ी क्या ?''

''ज़रूर पढ़ी है। लेकिन इससे क्या ?''

''भूल गईं क्या ? वह शैम्पेन की बोतल...पनीर...''

''क्या आज रात तुम्हारे यहाँ...चेखव आ रहे हैं ?''

मेरे कान गर्म हो रहे थे। नाद्या हँसी।

''इसीलिए तो तुम्हें मिख़ाइल के बिना आने को कह रही हूँ। सिरगेयी भी नहीं हैं। आधी रात के बाद पहुँचेंगे। हम साथ खाना खाएँगे। कोई और भी आ रहा है।''

"मिख़ाइल तो वैसे भी नहीं आ सकते," मैंने कहा, "आज रात व्यस्त हैं, कोई ज़रूरी काम है।"

"फिर तो ठीक है। शाम अच्छी बीतेगी।"

मैंने मिख़ाइल को बताया के मैं 'चेखव से मिलने जा रही हूँ।' पहले उनकी भृकुटी तनी लेकिन कुछ बोले नहीं। जाने से मना तो कर नहीं सकते थे क्योंकि फिर इससे बात बढ़ती और मिख़ाइल बात बढ़ाने से बहुत डरते थे।

जब मैं बहन के यहाँ पहुँची, चेखव वहाँ नहीं थे।

नाद्या बैठक में ड्रेसिंग गाउन पहने बैठी कुछ लिख रही थी। चेहरे पर फिर वही कुटिल भाव।

तभी नौकरानी ने आकर चेखव के आने की सूचना दी।

"ओह, अब मुझे पोशाक बदलनी होगी ! जाओ लीडिया, तुम तब तक उनके साथ बात-वात करो।"

चेख्व सिरगेयी की स्टडी में थे। मैं वहाँ गई।

"फिर कभी पीटर्सबर्ग न आने के आपके फैसले का क्या हुआ ?"

"अफ़सोस ! मैं बहुत कमजोर और अनुशासनहीन हूँ। तुम कुछ परेशान दिख रही हो। ठीक तो हो ? क्या कोई खास बात है ?"

"मैं बिलकुल ठीक हूँ, शुक्रिया। और ऐसी कोई बात नहीं है। कोई नहीं।"

हम गोल मेज़ पर बैठ गए, जिसके ऊपर ट्रे में पनीर का टुकड़ा और फल रखे थे। बोतल नहीं थी–अभी तो नहीं।

"हाँ, जैसा कि तुम देख ही रही हो, मैं फिर पीटर्सबर्ग आ पहुँचा हूँ। और जानती हो अब एक और नाटक लिखना चाहता हूँ..."

नाद्या ने आने में काफी देर लगा दी और इतनी देर हम कभी रंगमंच तो कभी पत्रिकाओं की और कभी उन सम्पादकों की बात करते रहे जिनके पास जाने की चेखव ज़ोरदार सिफ़ारिश कर रहे थे।

नाद्या के आने के बाद शैम्पेन की बर्फीली ठंडी बोतल लाई गई।

"इसे पहचानते हो ?" नाद्या ने ट्रे की ओर इशारा करते हुए कहा।

चेखव कुछ उलझन में दिखे।

"एक उबाऊ कहानी," नाद्या ने याद दिलाया।

वे मुस्कुराए और बालों की लट पीछे की।

"हाँ हाँ..."

जल्दी ही दूसरे मेहमान आने लगे।

"सिरगेयी तो आधी रात तक ही पहुँच पाएँगे।" नाद्या ने बताया। और इधर-उधर की बातें शुरू हो गईं।

"आप क्या अभी तक चेखव से नहीं मिले ?" मैंने पूछा।

"किससे ?" चेखव ने आश्चर्य से पूछा।

"चेखव से। आप कब पहुँचे यहाँ ?"

"मैं यहाँ कल पहुँचा। और बंदे को ही चेखव कहते हैं।"

शर्म से मैं पानी पानी हो गई।

"लीकिन।" मैंने जोर देकर कहा, "मेरा मतलब लीकिन से था। हाँ, हाँ, मुझे मालूम है आप चेखव हैं।"

वहाँ मौजूद सारे लोग खिलखिला उठे। चेखव ने हँसकर मुझे देखा। मैं बहुत बुरी तरह लजा गई।

"नहीं, मैं अभी लीकिन से नहीं मिला," वे बोले, "लेकिन तुम क्या लीकिन के बारे में ही पूछना चाहती थीं न ? पक्की बात है ? किसी और के बारे में तो नहीं पूछ रही थीं ?" मैं भी हँसने लगी। लेकिन फिर अचानक भीतर से लगा कि मैं शायद अपने को रोक नहीं पाऊँगी। मैं डर गई कि कहीं वहीं पर बैठे-बैठे न रोने लगूँ। मैं जल्दी से उठकर कमरे से बाहर चली गई।

लौटी तो चेखव मेरे पास आए, कुछ देर तक यूँ ही खड़े-खड़े बातें करते रहे, फिर जाने कैसे, एकदम बेध्यानी में बैठक में चले आए।

"मुझे अपने बच्चों के बारे में कुछ बताओ," चेखव ने कहा।

ओह। यह तो मेरा प्रिय विषय था। खूब उत्साह के साथ मैं अपने

बच्चों की बातें करती रही।

"हाँ बच्चे...," चेखव कुछ सोच में पड़कर बोले, "कितने प्यारे होते हैं...अपने...अपना परिवार होना कितना अच्छा होता है।"

"आपको अब शादी कर लेनी चाहिए।"

"करनी तो चाहिए। लेकिन मुझे इसकी मोहलत कहाँ ? मैं शादीशुदा न सही, पर मेरा परिवार है...माँ हैं, बहन...एक छोटा भाई। बहुत जिम्मेदारियाँ...लेकिन तुम क्या सुखी हो ?" अचानक प्रश्न।

मैं अचकचा गई, और डर भी गई। रुककर ग्रैंड पियानो का सहारा लिया। वे मेरे सामने आकर खड़े हो गए।

"बताओ, क्या तुम सुखी हो ?" उन्होंने अपना प्रश्न दुहराया।

"सुख क्या है ?" इस प्रश्न का क्या उत्तर दूँ, मैं समझ नहीं पा रही थी। "मेरे पति बहुत भले हैं और बच्चे भी। पर किसी का भला लगना और सुखी होना–दोनों में अन्तर है ना ? मेरा मन सदा अशान्त रहता है, कभी चैन नहीं महसूस करती। मैं पूरी तरह भाग्य पर निर्भर हूँ। बच्चे स्वस्थ रहें, उन्हें कभी कुछ न हो। यह सब मेरे हाथ में तो नहीं है न ? पर मेरा संसार सब यहीं तक सीमित है। मुझे लगता है जैसे मैं घिर गई हूँ और बाहर निकलने के सारे रास्ते बन्द हैं। कितनी पीड़ा, कितना कष्ट होता है यह सोचकर कि अब मैं कभी लेखिका...या कुछ भी और नहीं बन सकती। मेरे हाथ में बस इतना भर है कि मैं जो कुछ मिला है उसी में सन्तोष कर लूँ, इस सबकी आदी बन जाऊँ और अपने अस्तित्व को मिटा दूँ। हाँ, मिटा दूँ ताकि निजी सुख की तलाश में मैं अपने परिवार की कोई क्षति न कर बैठूँ। मुझे अपने परिवार से प्यार है और जल्दी, बहुत जल्दी मैं इस कशमकश से ऊपर उठ जाऊँगी ? फिर मेरा कोई अस्तित्व नहीं रहेगा। क्या इसी का नाम सुख है ?"

"यही तो हमारे परिवारों की अजीब स्थिति है," चेखव उत्तेजित होकर बोले, "स्त्रियाँ पराधीन हैं–परावलम्बी हैं। हमें इस स्थिति को चुपचाप मान नहीं लेना चाहिए बल्कि विरोध करना चाहिए...यह हमारे

अतीत की विरासत है। तुम्हारी बात मैं बखूबी समझ रहा हूँ हालाँकि तुमने ज़्यादा कुछ बताया नहीं। अच्छा, तुम अपने जीवन के बारे में क्यों नहीं लिखतीं ? पूरी ईमानदारी और सच्चाई के साथ लिखो यह बहुत ज़रूरी है। इससे तुम्हारा ही नहीं औरों का भला भी होगा। यह काम तुम्हें करना ही है। और अपना अस्तित्व मिटाने की तो बात भी मत सोचो। अपने भीतर छुपी प्रतिभा को, अपने व्यक्तित्व को पहचानो और उसका सम्मान करो। खुद पर अपने परिवार को हावी मत होने दो, इस तरह तुम उन्हें ज़्यादा से ज़्यादा दे पाओगी...हार मान जाने से नहीं। यह बात तुम सोच भी कैसे सकीं ?"

वे मुड़कर कमरे में टहलने लगे।

"मैं बहुत बेचैन हूँ आज। कुछ ज़्यादा ही कह गया..." चेखव सोचते हुए धीरे-धीरे बोल रहे थे, "...जानती हो अगर मैंने शादी की होती तो मैं अपनी पत्नी से अलग रहने के लिए कहता...ताकि ज़्यादा समय साथ बिताने से आपसी व्यवहार में जो असावधानी या अशिष्टता का पुट आ जाता है, वह हमारे बीच न आ पाए।"

तभी एक नौकरानी ने आकर कहा—

"मैम साब घर में आपकी सख्त ज़रूरत है।"

"क्या हुआ ?" मैं घबरा उठी।

"लगता है, ल्योवुश्का बीमार हो गया है। एन्युता आपको बुलाने आई है।"

"कृपया आप नाद्या को पूरी बात समझा दीजिएगा चेखव साहब। मैं अभी भीतर जाने की मनःस्थिति में नहीं हूँ। मैं चलती हूँ।"

मैं ऊपर से नीचे तक काँप रही थी। उन्होंने मेरा हाथ पकड़ा।

"तुम चिन्ता मत करो, सब ठीक हो जाएगा। बच्चों के साथ तो ऐसा होता रहता है। धीरज से काम लो।"

वे मेरे साथ नीचे तक आए।

"कल सन्देश भिजवा देना कि बेटा कैसा है। मैं यहाँ प्रतीक्षा करूँगा, और घर पहुँचकर एक गिलास वाइन लेना मत भूलना।"

हॉल में एन्युता शान्त खड़ी मेरा इन्तजार कर रही थी।

"क्या हुआ ल्योवा को ?"

"मेम साहब मुझे मालूम नहीं। उसने उठकर बस पानी माँगा था, और तो कुछ नहीं कहा। तभी मालिक वहाँ आए..."

मिख़ाइल ने खुद उठकर मेरे लिए दरवाजा खोला।

"कुछ नहीं—ऐसी कोई बात नहीं है," आँख चुराते हुए उन्होंने कहा, "वह सो गया है और बुखार भी नहीं लगता। असल में तुम्हारे बिना मैं घबरा गया था। तुम जब बाहर रहती हो तो मुझे कुछ समझ नहीं आता कि क्या करूँ। उसने बस पानी माँगा था। क्या जाने क्यों ! क्या वह रात को पानी पीता है ? तुम्हारे लिए भी पूछ रहा था। देखा तुम्हारे बिना हम सब कितने अनाथ हो जाते हैं।"

मेरे पीछे वे नर्सरी तक आए। ल्योवा आराम से सोया था। बुखार का नामो-निशान नहीं था।

मिख़ाइल ने मुझे अपनी ओर खींचा और फिर जाने नहीं दिया।

"तुम तो मेरी जादुई परी हो। जब तुम घर पर रहती हो, मैं निश्चिन्त रहता हूँ। मुझे विश्वास रहता है कि घर में सब ठीक-ठाक है।"

मुझे याद आया, कैसे उन्होंने गुलगुलों की तश्तरी फर्श पर फेंकी थी—सिर्फ इसलिए कि वे उनके मन-मुताबिक कुरकुरे और मुलायम नहीं बने थे। "ये तो सिर्फ कुत्तों को खिलाने के काबिल हैं।"

"क्या तुम नहीं समझते तुमने मुझे किस कदर डरा दिया था ?"

"माफ कर दो मेरी जान। क्या नाराज हो गईं ? मेरे साथ कितनी सख्ती से पेश आती हो तुम। लेकिन मैं तुम्हारे बिना नहीं रह सकता। मुझे माफ कर दो। देखो, तुम तो सारी शाम बाहर थीं..."

पर अब मैं जान गई थी। निश्चित तौर पर, बिना किसी शक या शुबहे के, पहली बार मैं साफ़-साफ़ जान गई थी कि मुझे चेखव से प्यार है।

पाँच

पूतकाल ! पीटर्सबर्ग के उन बिरले पूतकालों में से एक जब न बारिश थी न कुहासा और न पिघलती बर्फ, था तो केवल कोमल श्वेत हिम का विस्तार।

मिख़ाइल कॉकेशस गए हुए थे और घर में शान्ति और चैन था। शुक्रवार की रात मैं लीकिन दम्पति के यहाँ दावत पर आमन्त्रित थी। शाम को मैं एक नाटक देखने गई—इतालवी ऑपेरा, इसलिए मुझे पहुँचने में कुछ देर हो गई। श्रीमती लीकिन मुझे हॉल में मिलीं—खूब सजी-धजी और प्रफुल्ल-चित्त। मुझे देख वे हमेशा की तरह खिल उठीं।

"मैंने तो सोचा तुम आओगी नहीं," जोरदार आवाज में उन्होंने कहा, "कितना बुरा होता। यहाँ तुम्हारा इन्तजार हो रहा है," वे

फुसफुसाईं लेकिन आवाज का सिर्फ लहजा बदला था, ज़ोर बरकरार था।

"मेरा इन्तज़ार ? कौन ? क्या ?"

"है कुछ खास तुम्हारे लिए।"

"चिल्ले ? क्या चिल्ले बने हैं ?"

"हाँ, हाँ। चिल्ला ही समझो !" श्रीमती लीकिन खिलखिलाईं और खींचते हुए मुझे भीतर ले गईं।

वहाँ मेहमानों का जमघट था। लीकिन उठे और लँगड़ाते हुए मेरी ओर बढ़े।

"बहुत देर कर दी। अच्छा अच्छा, नाटक देखने गई थीं। और तुम्हारे मियाँ ? कॉकेशस गए हैं ? यहाँ तो तुम सबसे परिचित हो ही—पतापिका, एल्बोव, ग्रूजिन्स्की, बरान्तसेविच..."

"अब बस भी करो !" श्रीमती लीकिन ने ऊँची आवाज़ में कहा और खिलखिलाकर हँसने लगीं।

केवल एक मेहमान बाकी था जिसका नाम लीकिन ने नहीं लिया था। वह सोफे से उठा और वहीं खड़ा रहा। मैंने मुड़कर उस ओर देखा।

"चिल्ला !" श्रीमती लीकिन ज़ोर से बोलीं, "ये रहा तुम्हारा चिल्ला !" हम दोनों ने चुपचाप हाथ मिलाया।

"क्या गज़ब कर रही हो ?" लीकिन कुछ समझे नहीं, 'चेखव और चिल्ला ?' सब फिर से बैठ गए।

"मैं अभी कह रहा था," लीकिन ने मुझसे मुखातिब होकर कहा, "मैं अभी इनसे कह रहा था," उन्होंने चेखव की ओर इशारा किया, "कितना अच्छा होता कि पिछली कहानी लिखते समय ये मुझसे कुछ सलाह मशविरा करते। मैं यह नहीं कहता कि कहानी खराब है। नहीं-नहीं कहानी बहुत सुन्दर लिखी गई है पर मैं उसे कुछ दूसरी तरह से लिखता। तब उसकी बात ही कुछ और होती। तुम्हें याद है, मेरी एक कहानी में सिर्फ तहखाने से चलते हुए पाँव दिखाई देते हैं—घिसटते हुए एक जोड़ी पुराने जूते, महिला के जूते ठुमक-ठुमक कर चलते हुए

और दौड़ लगाते बच्चों के फटहे जूते। इसमें कुछ नई ही बात नहीं थी बेहद दिलचस्प अन्दाज भी था। लेखक को मालूम होना चाहिए कहानी कैसे बुनी जाती है। मैं उसे कुछ और ही रँग देता।"

चेखव के होंठों पर मुस्कान थी।

"आपकी 'तहखाना' कहानी बहुत बढ़िया लिखी गई थी," मेहमानों में से एक ने कहा।

और फिर वहाँ समवेत स्वर में मेज़बान महोदय की कहानी का गुणगान होने लगा। अन्य कहानियों की चर्चा हुई, उनके हास्यबोध को सराहा गया। पर मुझे नाद्‍या के शब्द याद आ रहे थे : "लीकिन को ज़रा भी अन्दाज़ा नहीं है कि उनकी कहानियाँ कितनी हास्यास्पद हैं। वे समझते हैं कि बहुत गम्भीर बात कह रहे हैं। अपने चरित्र वे अपने और पत्नी के रिश्तेदारों के जीवन से उठाते हैं, खुद अपनी भी बात घुसा देते हैं...लेकिन नतीजा इस हद तक हास्यजनक होता है कि उससे तकलीफ होने लगती है। और वे यही समझते हैं कि बड़ी संजीदा बात कह रहे हैं। वहाँ उन्हें हँसी की कोई बात नजर नहीं आती। पता नहीं, लिखते क्यों हैं, क्यों नहीं कोई दुकान कर लेते ?

जल्दी ही हमें खाने के लिए बुलाया गया। हर चीज की बहुतायत थी—नमकीन, खाना, वोद्‍का, वाइन, लेकिन सबसे ज़्यादा शोर। मेज़बान महोदय चेहरे पर गम्भीर भाव लिये बैठे थे। नगर पार्षद व मेहमाननवाज गृहस्वामी होने के नाते अपनी जिम्मेदारियों और साहित्यिक प्रतिभा के बोझ तले दबे हुए। वे चिल्लों की तारीफ करते जा रहे थे और हर चीज की तुलना मॉस्को के साथ करते थे।

"प्यारे दोस्त चेखव क्या मॉस्को में कभी व्हाइट फिश चखी है तुमने ? इतनी मुलायम, स्वादिष्ट और रसभरी ? व्हाइट फिश नहीं मक्खन है मक्खन। तुम मॉस्कोवालों को वहाँ के सूअर के गोश्त पर बड़ा नाज है न ? जरा इसे चखकर देखो, यह भी कुछ कम नहीं है। अभी कुछ दिन पहले मैंने खुदेकोव साहब के यहाँ हिरण का मांस खाया था। अफसोस। आज वे यहाँ नहीं हैं। होते तो मैं उन्हें यह मांस खाने

के लिए कहता। बात यह है कि हर चीज का चुनाव खुद करना पड़ता है और इसके लिए चीजों की पहचान होना ज़रूरी है। असली हिरण का मांस ये है, होंगे आप अपने घर के लखपति।"

चेखव पूरे रंग में थे। न तो वे जोर से हँसते थे (वे कभी जोर से नहीं हँसते थे) और न आवाज ऊँची करते थे लेकिन उनकी चौंका देनेवाली बातों से सबका मनोरंजन हो रहा था। अचानक वे सैनिक अफसरों के कन्धों पर लगनेवाले फीतों का गुणगान करने पर भिड़ गए और सबको यकीन दिलाने लगे ऐसे फीते अगर उनके पास होते तो वे दुनिया के सबसे सुखी व्यक्ति होते। "सारी स्त्रियाँ मुझ पर मर मिटतीं...बीसियों तो ज़रूर मेरे पीछे पड़ जातीं।"

खाना खाकर जब हम मेज़ से उठे, वे बोले, "मैं तुम्हें घर छोड़ने चलूँगा। ठीक है न ?"

झुंड बनाकर हम घर से बाहर निकले। सड़क की पटरी के साथ-साथ बर्फगाड़ियाँ खड़ी थीं, जिनमें से कुछ किराए पर ली जा चुकी थीं। मुझे आशंका हुई कहीं सारी गाड़ियाँ ही न निकल जाएँ इसलिए मैंने चेखव से जल्दी करने के लिए कहा, वे तुरन्त जाकर एक बर्फगाड़ी में बैठ गए और पुकारा, "आओ चलो, चलो, सब ठीक है।"

मैं गाड़ी में पहुँची तो देखा चेखव पटरी की तरफ बैठे थे, इसलिए मुझे घूमकर बर्फगाड़ी के दूसरी ओर जाना पड़ा। मैंने लबादा पहना हुआ था और लबादे के भीतर पोशाक का छोर, बटुआ और चश्मा पकड़ा हुआ था, इसलिए हाथ खाली नहीं थे। पाँव बर्फ में धँसे जा रहे थे और बिना मदद बर्फगाड़ी में चढ़ने में मुझे दिक्कत हो रही थी।

"इन्हें देखो, कैसे घोड़े पर सवार हैं !" जैसे ही पतापिन्का की गाड़ी बगल से निकली वह चिल्लाया।

खैर ! किसी तरह टेढ़ी-मेढ़ी होकर मैं बर्फगाड़ी के भीतर पहुँची, किसी ने मेरे लबादे का छोर उठाकर अन्दर कर दिया और दरवाजा लगा दिया। गाड़ी ने चलना शुरू किया।

"ये घुड़सवार की क्या बात थी ?" चेखव ने पूछा। "क्या उसका

मतलब मुझसे था ? हे भगवान, मैं कहाँ का घुड़सवार हूँ ? मैं तो डॉक्टर हूँ। आखिर मैंने किया क्या है ?''

''अरे ! भला ऐसे भी कोई करता है ! सज्जन व्यक्ति पहले महिला को गाड़ी में बैठने में मदद करते हैं, देखते हैं कि वह पूरी तरह आराम से है या नहीं, फिर जो जगह बच जाती है उसमें अपना काम चलाते हैं।''

''तुम्हारी घिसी-पिटी बातें मुझे कतई पसन्द नहीं,'' चेखव ने कहा, ''और इस तरह बड़बड़ाते हुए तुम एकदम बूढ़ी अम्मा दिखती हो। काश ! मेरे पास एक जोड़ी फीते...''

''क्या ? फिर फीते ?''

''ओह फिर नाराजगी और झुँझलाहट। सिर्फ इसलिए कि मैंने तुम्हारी पोशाक का छोर नहीं सँभाला !''

''देखिए डॉक्टर महोदय, मैं किसी तरह अपने को बाहर गिरने से रोके हुए हूँ और आप हैं कि कोहनी से धकेले जा रहे हैं। इस तरह तो मैं किसी भी पल बाहर लुढ़क जाऊँगी।''

''कितना बुरा स्वभाव है तुम्हारा। काश ! एक जोड़ी फीते...''

फिर वे अपने दस्ताने चढ़ाने लगे। उनके पास चमड़े के एक जोड़ी बड़े-बड़े दस्ताने थे।

''मेहरबानी करके जरा अपने दस्ताने दिखाइए, मुझे दीजिए न। इनमें अस्तर किसका है ? क्या फ्रीज का ?''

''नहीं ये फ़र के दस्ताने हैं ? लो देखो।''

''इतने सुन्दर दस्ताने कहाँ मिल गए आपको ?''

''सेर्पुखोव के पास एक कारखाने में। जलन हो रही है क्या ?''

''कतई नहीं,'' मैंने लबादे के भीतर उन्हें पहन लिया, ''अब तो ये मेरे हो गए।''

ड्राइवर पुल पार कर रहा था। उसने पूछा—''कहाँ चलना है जनाब ?''

''अर्तेल लेन,'' मैंने सुवोरिन का पता बताया, जहाँ चेखव ठहरे

हुए थे।

"नहीं, वहाँ क्यों ? निकोलयेव्स्काया स्ट्रीट।"

"नहीं, अर्तेल लेन। मैं पहले आपको छोड़कर आराम से पूरी गड़ी में बैठकर घर जाऊँगी।"

"और मैं तुम्हारे पीछे-पीछे गहरी बर्फ में कुत्ते की तरह दौड़ता चलूँगा, और वह भी बिना दस्तानों के। ड्राइवर, निकोलयेव्स्काया !"

ड्राइवर ने लगाम खींचकर बर्फगाड़ी रोक दी।

"जनाब, पहले आप लोग तय कर लें, कहाँ चलना है। मैं किधर चलूँ ?"

हम निकोलयेव्स्काया स्ट्रीट ही गए। मैंने उनके दस्ताने लौटा दिए और चेखव ने लीकिन की नकल करते हुए उनकी तारीफ शुरू कर दी।

"खुदेकोव के पास ऐसे दस्ताने कहाँ और बनता वह लखपति है। जी नहीं, महोदया, आपको स्वयं कारखाने जाना होगा, सिर्पुखोव। आपको असली चीज की पहचान होनी चाहिए...अच्छा तुम मुझे यह बताओ कि उपन्यास लिखोगी कि नहीं ? न मत कहना। और याद रखो कि एक स्त्री को ठीक उसी प्रकार लिखना चाहिए जैसे कि वह कुछ काढ़ती है। खूब लिखो और पूरे विस्तार में लिखो। लिखो और काटो। फिर लिखो—फिर काटो।"

"यहाँ तक कि कुछ बाक़ी ही न बचे ?"

"तुम बहुत खराब औरत हो। तुमसे तो बात करना भी मुश्किल है। नहीं, नहीं तुम्हें ज़रूर लिखना चाहिए लेकिन कुछ काल्पनिक या अवास्तविक नहीं। जीवन जैसा है बस वैसा ही। लिखोगी न ?"

"हाँ, लिखूँगी। पर मैं कथा साहित्य लिखूँगी। आप जानते हैं मैं क्या लिखना चाहती हूँ। बताती हूँ। मैं एक अजाने व्यक्ति की प्रेम कहानी लिखूँगी। समझे आप ? कोई आपसे प्यार करता है लेकिन आप उसे जानते नहीं। आप हमेशा इसे महसूस करते हैं। किसी के प्यार का अहसास हमेशा आपको घेरे रहता है, कोई है जो हमेशा आपको

सुखी देखना चाहता है, जिसे हर पल आपकी चिन्ता है। चतुराई भरे, प्यारे-प्यारे खत आपको मिलते हैं...जिनमें प्यार का आवेग है। मेरी बात समझ रहे हैं न आप ? और फिर आप इसके आदी हो जाते हैं, अब आपको हर वक्त कुछ नया घटने की प्रतीक्षा रहती है...कुछ खो जाने का भय रहता है। वह व्यक्ति जिसे आप जानते तक नहीं, आपको बहुत प्यारा हो गया है और अब आप उससे परिचित होना चाहते हैं। तभी आपको क्या पता चलता है ? क्या पता चलता है आपको ?—क्या यह बेहद दिलचस्प नहीं है ?''

''जी नहीं। कतई दिलचस्प नहीं, प्यारी बच्ची,'' चेखव छूटते ही बोले। जिस तेजी और दृढ़ता के साथ वे बोले और 'प्यारी बच्ची' कहा, इतना मजा आया कि मैंने हँसना शुरू किया तो देर तक हँसती ही चली गई।

''क्या हुआ—प्यारी बच्ची ?''

हम निकोलयेव्स्काया स्ट्रीट पहुँचने ही वाले थे।

''क्या आप अभी कुछ दिन यहाँ रहेंगे ?'' मैंने पूछा।

''अभी एक सप्ताह और रहने का इरादा है। क्या हम और जल्दी नहीं मिल सकते ? हर रोज ? ठीक है न ?''

''कल शाम मुझसे मिलने आइए,'' इसके पहले कि खुद जान पाती मैं क्या कह रही हूँ, मेरे मुँह से निकला।

चेखव आश्चर्यचकित रह गए।

''तुम्हारे घर ?''

जाने क्यों कुछ देर तक हम दोनों निश्शब्द खड़े रहे।

''तुम्हारे घर क्या बहुत मिलनेवाले आते हैं ?'' चेखव ने पूछा।

''नहीं—कोई नहीं। मिख़ाइल तो कॉकेशस गए हुए हैं और नाद्या कभी शाम को मुझसे मिलने नहीं आती। सिर्फ हम दोनों ही होंगे और खूब ढेर सारी बातें करेंगे।''

''मेरी भरसक कोशिश रहेगी कि तुम्हें उपन्यास लिखने के लिए राजी कर लूँ। सच, तुम्हें ज़रूर लिखना चाहिए।''

"तो आप आएँगे ?"

"अगर जबर्दस्ती खींचकर और कहीं नहीं ले जाया गया तो–मैं अपने प्रकाशक सुवोरिन के साथ ठहरा हूँ और अपनी मर्जी का मालिक नहीं हूँ।"

"फिर भी मैं प्रतीक्षा करूँगी।" करीब नौ बजे हम घर आ पहुँचे थे। गाड़ी से उतरकर मैंने घंटी बजाई।

चेखव को लेकर बर्फगाड़ी सूनी चौड़ी सड़क पर बड़ा सा चक्कर काटते हुए वापस घूम रही थी। हम बात करते रहे।

"मैं ज़रूर आऊँगा," चेखव का मन्द, मृदुल स्वर उस खामोश रात की नर्म-सर्द हवा में तिर रहा था, "मैं चाहता हूँ कि तुम उपन्यास लिखने के लिए मान जाओ।...कैसे तुम एक सैनिक अफसर के इश्क में कैद थीं।"

"यह सूचना आपको किसने दी।"

"तुमने ही तो। बहुत अरसा पहले याद नहीं ? तुम कहीं मुकरने के चक्कर में तो नहीं हो ?"

ओवरकोट कन्धे पर डाले दरबान दरवाजा खोल रहा था।

"अच्छा। कल तक के लिए विदा।"

"हाँ ! कल तक के लिए। और तुम मुझ पर गुस्सा नहीं करोगी–बहुत, बहुत प्यारा व्यवहार करने की कोशिश करोगी। करोगी न ? स्त्री को सदा स्नेहमयी और कोमल हृदय होना चाहिए।"

तब मैं क्या जानती थी मुझ पर क्या बीतनेवाली है।

छह

आख़िर जैसे-तैसे शाम हुई।

नौ बजते-बजते मैं चेखव की राह देखने लगी।

खाने के लिए मैंने ऐसी चीजें रखी थीं जो ठंडी ही ली जाएँ—वोद्का, वाइन, बीयर, फल। चाय की मेज़ खाने के कमरे में सजी थी। पूरी योजना मैंने बहुत सोच-समझकर तैयार की थी : पहले मैं उन्हें नर्सरी में बच्चों के पास ले जाऊँगी—उन्हें जरा ईर्ष्या तो हो। बच्चे बस सोने जा ही रहे होंगे। यह समय उनके लिए सबसे ज़्यादा सुखदायी होता है और वे बहुत प्रसन्न-मन रहते हैं। बच्चों से मिलकर हम चाय के लिए खाने के कमरे में जाएँगे—और फिर वहाँ से स्टडी में, जो बैठक से ज़्यादा आरामदेह और पुरसुकून है। एक-दूसरे से कहने

के लिए हमारे पास कितना कुछ भरा था।

खाना बाद में खाएँगे। शैम्पेन ख़रीदने की मेरी हिम्मत नहीं हुई, लगा कि यह मिख़ाइल का अपमान जैसा होगा। मैं वैसे ही ज़रूरत से ज़्यादा खर्च कर चुकी थी। (मुझे याद है कि मैंने शैंडलर का बिल नहीं चुकाया था--उन्हें तो बाद में भी दिया जा सकता था)

साढ़े नौ पर घंटी बजी। दिल थामे बैठी मैं इन्तज़ार करती रही कि माशा जाकर बाहर का दरवाजा खोले। मैंने आहट सुनी–वह बाहर गई, दरवाजा खोला और कुछ बोली। बस फिर मैं भी बाहर के हॉल में गई और सकते में वहीं जड़ हो गई। दरवाजे पर पीटर और उसकी पत्नी खड़े थे और अपने कोट उतार रहे थे, यानी उनका इरादा सारी शाम यहीं बिताने का था। डर की बात यह थी कि वे मिख़ाइल के दोस्त थे और मुझे इस कदर नापसन्द थे कि उनसे मिलने मिख़ाइल को मुझे जबरन घसीटकर ले जाना पड़ता था। पीटर तो ख़ैर उतना बुरा नहीं लगता था पर वह औरत तो एकदम नाकाबिले बर्दाश्त थी। दोनों का विषय गणित था और वे किसी संस्था में शिक्षक थे। उनके घर में अगल-बगल रखे दो डेस्क देखकर मुझे न जाने क्यों बेहद कोफ़्त होती थी। ग़नीमत थी कि वे बहुत व्यस्त रहा करते थे और कभी-कभार ही इधर की ओर निकलते थे। पर उन्हें भी आज शाम ही आना था।

"हाँ ! हाँ ! हम हैं, हम !" वेरा चीखी। "और मिख़ाइल कॉकेशस गए हैं ? हा-हा-हा !"

मौक़ा-बेमौक़ा हँसने की उसकी नामुराद आदत। जब कभी कुछ कहती साथ में एक जोरदार ठहाका लगाती। पता नहीं पढ़ाती कैसे थी। मुझे याद है अपने इकलौते बच्चे की मौत की खबर सुनाते हुए भी वह बेतहाशा हँसती जा रही थी।

और अब उसकी हँसी घर-भर में गूँज रही थी। ज़ाहिर है मुझे उनसे अन्दर आने के लिए कहना पड़ा। बैठक में लैम्प की मद्धिम रोशनी थी और वातावरण में हल्की उदासी छाई थी। लेकिन वेरा पूरी आवाज में कहकहे लगा रही थी। वह मुझे बताने लगी कि कैसे उसकी

जान-पहचान की एक लड़की अपने मंगेतर से धोखा खाने के बाद या फिर शायद उसकी मृत्यु हो जाने से पूरी तरह टूट गई थी और अपने होश-हवास खो बैठी थी, कैसे वेरा की सलाह पर उसने गणित के प्रश्न हल करने में अपना मन लगाना शुरू किया और कैसे वह इस काम में इतना डूब गई, कि अपने दुखद प्रेमप्रसंग की बात बिलकुल ही भूल गई। अब वह पूरी लगन से गणित के अध्ययन में जुटी है और मगन रहती है।

"तुम भी ऐसा क्यों नहीं करतीं ?" उसने पूछा, "गणित दिमाग़ को अनुशासित करता है, बेकार सपने देखने से रोकता है और चरित्रबल बढ़ाता है। अपने बच्चों से कहो गणित के सवाल हल किया करें। देखना उनके कितना काम आता है। हा-हा-हा।"

दस बजे माशा ने आकर बताया कि उसने चाय लगा दी। मैं चौंक पड़ी और खाने के कमरे की ओर भागी, वही हुआ जिसका डर था। रात का पूरा खाना मेज़ पर सजा था, वाइन, फल—सब कुछ।

"ज़रा देखो, यहाँ तो पूरी दावत का सामान है !" मुझे अपने पीछे वेरा की चीखती आवाज़ सुनाई दी। "किसी का इन्तजार है क्या ? पीटर, हमने कितना अच्छा किया कि जल्दी खाना खा लिया ! वाह भई वाह ! लेकिन माजरा क्या है ?"

दोनों ने खाना शुरू किया। वे बहुत चाव के साथ खा रहे थे। मैंने वही किया जो अपेक्षित था। आग्रह के साथ उनसे सब कुछ लेने का अनुरोध किया।

"चटनी तो बहुत लज़ीज़ है। रसोइए ने बनाई है ? तुमने ? नहीं, यह कैसे मुमकिन है ? मिख़ाइल का तो कहना है कि तुम्हें खाना पकाने का ज़रा भी शौक नहीं। बस हर समय लिखने में लगी रहती हो। कहानी, कविता।"

इतना कहकर उसने ऐसा जोरदार ठहाका लगाया कि गले में खाना फँसते-फँसते बचा।

कमरे की घड़ी साढ़े दस बजा रही थी। स्पष्ट था कि चेख़व अब

नहीं आएँगे और मुझे इस बात से खुशी हो रही थी।

तभी घंटी बजी और चेखव का स्वर सुनाई दिया। वे माशा से कुछ पूछ रहे थे।

"क्या हुआ ?" वेरा चिल्लाई, "पीटर जल्दी। एक गिलास पानी। लीडिया को ग़श आ रहा है।"

"नहीं, शुक्रिया," कमजोर आवाज में मैंने कहा, "मैं...ठीक हूँ। आपने कैसे सोच लिया कि मुझे ग़श आ रहा है ?"

"एकदम सफेद तो पड़ गई हो तुम और अब सुर्ख होती जा रही हो–"

चेखव भीतर आए, मैंने उनका परिचय दिया।

जोरदार अट्टहास।

"कौन ? चेखव ? लीडिया तो बता ही नहीं रही थी कि कोई आनेवाला है। यह तो बहुत बढ़िया मौका है ! अब आप उन सारे सवालों के जवाब दे सकते हैं जो आपकी कहानियाँ पढ़ते हुए मेरे दिमाग में उठते हैं। जवाब दिए बिना आपका छुटकारा नहीं।"

और वह चेखव पर ऐसे झपटी जैसे कोई जंगली बिलाव अपने शिकार पर झपटे। अपने पैने दाँत गड़ाकर वह उनकी धज्जियाँ उड़ाने लगी। कभी चीखती, कभी चिल्लाती और कभी हँसने लगती। एक के बाद एक वह चेखव पर इल्जाम लगाती गई–कि वे बेकार बचकाने किस्से लिखकर अपनी प्रतिभा का दुरुपयोग कर रहे हैं, कि वे मुद्दे के इर्द-गिर्द घूमते रहते हैं समस्या का कोई समाधान नहीं सुझाते, कि वे जनता के सामने कोई आदर्श नहीं रखते...उनका लेखन बहुत अस्पष्ट है। सब कुछ धुँधला और अनिश्चित, गणित जैसा पैनापन नहीं है...न गणित जैसा पैनापन बिलकुल नहीं, हा-हा-हा।"

चेखव ने हताश होकर एक-दो बार मेरी ओर देखा, अचानक पूछा, "सिगरेट पीती हो क्या ?"

एक क्षण के लिए वेरा अवाक् हो गई, अचरज से पलकें झपकीं। मुझे भी कुछ ताज्जुब हुआ।

“नहीं तो...”

“मुझे लगा तुम्हारे हाथ में सिगरेट है।”

“मेरे पास तो कुछ भी नहीं।” मैंने अपने खाली हाथ उन्हें दिखाए।

“सिगरेट पीनी भी नहीं चाहिए।”

तब तक वेरा ने फिर चीखना और कुर्सी पर ऊपर-नीचे कूदना शुरू कर दिया। कमरे में गूँजती उसकी कर्कश आवाज से मुझे अपनी साँस रुकती-सी महसूस हुई, यूँ लगता था जैसे बुरी तरह दम घुट रहा हो।

चेखव हाँ या ना में जवाब देते हुए बेमन से अपना बचाव कर रहे थे। सारा समय वे चाय का गिलास पकड़े नजरें नीची किए बैठे रहे।

अचानक पीटर ने उठकर अपनी पत्नी से कहा, “वेरा, अब घर चलना चाहिए।”

“घर ?” वेरा चीखी। “नहीं, नहीं पीटर फिर कहाँ मौका मिलेगा चेखव को बताने का। उन्हें समझना चाहिए कि लेखक होने के नाते उनका फर्ज बनता है कि...”

और वह फिर शुरू हो गई। मैं यह देखकर कुछ आश्वस्त थी कि पीटर बैठा नहीं, खड़ा ही रहा। उसने फिर कहा कि चलने का वक्त हो गया है। मैंने भी कोई एतराज़ नहीं किया मगर मुझे डर था कि उसकी बात वेरा मानेगी नहीं—अपना फर्ज निभाने और चेखव को सही राह पर लाने की ख़्वाहिश उस पर कुछ इस तरह हावी थी कि वह पूरी तरह बेकाबू हो गई थी। आखिरकार किसी तरह पीटर ने अपनी बात मनवा ही ली। वेरा अन्तिम बार चेखव की ओर लपकी, उनका हाथ दबाया, हिलाया और ऐन उनके कान में गरजते हुए बताती गई कि उनमें कितनी महान प्रतिभा है, कि उसे उनमें कितना विश्वास है, वह उनसे कितनी आशाएँ रखती है। आखिरकार उसका कर्कश स्वर पहले हॉल में और फिर सीढ़ियों से होते हुए दूर चला गया। उसकी

हँसी की गरज से इमारत की पूरी मंजिल हिल रही थी। धड़ाम से दरवाजा बन्द हुआ। थकान से चूर मैं और चेखव स्टडी में आ गए।

"तुम एकदम थकी-माँदी दिख रही हो," चेखव ने कहा, "मुझे भी अब चल देना चाहिए। तुम्हारे मेहमानों ने तुम्हें थका दिया।"

पता नहीं मुझे क्या हो गया था, एक शब्द भी बोल नहीं पा रही थी। किसी तरह कहा, "अभी रुकिए। मेहरबानी करके..."

"अरे हाँ, तुमने मुझे कुछ देने का वादा किया था। अपनी कहानियों की पांडुलिपि वगैरह। कहाँ है वह सब ?"

मैंने पहले से ही सब तैयार करके रखा था। कागजों का पुलिन्दा उन्हें थमा दिया।

"तुम क्यों नहीं चाहतीं कि तुम्हारी कहानियाँ मैं गॉल्तसेव को दूँ ? 'रूसी विचार' के लिए ?"

"क्योंकि अगर वे इसे स्वीकार करेंगे तो रचना का स्तर देखकर नहीं, बल्कि इसलिए कि आपने इसकी सिफ़ारिश की है।"

"कहानी अगर छपने लायक न हुई तो मैं कभी सपने में भी सिफ़ारिश करने की नहीं सोचूँगा। क्या तुम्हें मुझ पर विश्वास नहीं ?"

"विश्वास तो है पर मेरी कहानियों पर आपकी नुक्ता-चीनी अक्सर मेरी समझ के परे होती है। 'तुम्हारी कहानी तो ठीक-ठाक है। बल्कि कहना चाहिए कि बहुत अच्छी है, पर दुन्या (कहानी की नायिका) को पुरुष होना चाहिए था। उसे फ़ौजी अफसर या ऐसा ही कुछ बना दो। और नायक (कहानी का नायक एक छात्र था और दुन्या का प्रेमी) को देशी राजस्व कार्यालय में क्लर्क होना चाहिए।'—देखा, मुझे आपकी आलोचना कंठस्थ है। पर भला एक फ़ौजी अफसर और देशी राजस्व कार्यालय के क्लर्क को लेकर किस किस्म की प्रेम कहानी लिखी जा सकती है ? और अगर इसे प्रेम कहानी ही नहीं होना चाहिए तो इसमें 'ठीक-ठाक' या 'बहुत-अच्छा' क्या है ?"

"चलो माना, सब कुछ ज्यों-का-त्यों रहना चाहिए था। यकीन करो, कहानी सचमुच बहुत अच्छी थी। मैंने तुम्हें लिखा भी था कि

तुम्हारी लेखन शैली बेहतरीन है और मैं अगर सम्पादक होता तो एक-एक पन्ने का दो सौ देता। पर जहाँ मैं तुम्हें भेजता हूँ वहाँ तुम जाती नहीं हो। न जाने कैसी-कैसी अजीबोगरीब जगहों पर पहुँच जाती हो। अब 'पैट्रियट' में कहानी भेजना क्या ज़रूरी था ? माना, क्रिवेन्को आदमी बहुत अच्छा है पर इससे कुछ बनता-बिगड़ता नहीं। जानती हो उसके अखबार को क्या नाम दिया गया है ? 'ईमानदार का शव'। नाम एकदम सटीक है। इस शव में तुम कभी साँस नहीं फूँक पाओगी। तुम वहाँ गई ही क्यों ?"

"अरे, वह सब कुछ भी नहीं," ठंडे स्वर में मैं बोली। "आपको खबर नहीं मैं और कहाँ हो आई हूँ। मैं ब्यूरेनिन (विक्तोर ब्यूरेनिन—सुवोरिन के प्रतिक्रियावादी अखबार 'नोवोए ब्रीम्या'—न्यू टाइम—में आलोचक) के पास गई थी।

चेखव अपनी कुर्सी पर उछल पड़े, उनके पीछे कोट का घेर ऊपर उड़ गया।

"किस मूर्ख ने तुम्हें उस दुष्ट के पास जाने को कहा ?" उन्होंने सख्ती से पूछा। स्वर नीचा था पर मुख पर क्रोध का भाव इतना विकट था कि मुझे आश्चर्य हुआ।

"हाँ, मैं उसके पास गई थी," मैंने फिर कहा, "उसने मुझसे कहा कि मैं अगर खुद अपनी कहानियाँ लाकर उसे दूँ...आप समझे ? मैं अगर खुद...अकेली...अपनी कहानियाँ लाकर उसे दूँ तो वह उन्हें छपवा देगा।" कहते ही मैं पछताई। देखो, घटिया और फालतू बात है। मैं प्रसन्न थी कि चेखव क्रुद्ध हैं और यह बात को और भी असरदार बनाने की कोशिश थी। इसी को कहते हैं, भावनाओं से खिलवाड़।

"फिर मैं तुरन्त ही अपनी पांडुलिपि लेकर वहाँ से चली आई और अब भूलकर भी कभी वहाँ नहीं फटकूँगी।" मैंने कहा।

"मेहरबानी करके मुझ पर थोड़ा तो यकीन करो। मैं जो कहूँ वही करो। क्यों इस तरह के जोखिम उठाती हो जो तुम्हें किसी संकट में डाल दें। संसार में जितने दुष्ट हैं उनसे कहीं अधिक भले लोग हैं।

काश, मैं तुम्हें सारे दुष्टों से बचाकर रख पाता।"

वे कुछ शान्त हुए तो मैं वाइन लाने खाने के कमरे में गई। भोजन का समय भी हो चला था। पर वेरा और पीटर ने छोड़ा ही कितना था। जो कुछ भी बचा-खुचा था, इकट्ठा किया और मिख़ाइल की लिखने की मेज़ पर रखा। अपनी कहानियों का पुलिन्दा मैंने खिड़की के पास छोटी गोल मेज़ पर रख दिया।

"ये सब मैं नहीं खाऊँगा," चेखव ने कुछ विरक्त भाव से कहा। वाइन की बोतल उठाई और रखी, फिर एक गिलास में बियर डाली। मैं बेहद दुखी और लज्जित थी। उनके स्वागत की मैंने कितनी शानदार तैयारी की थी।

"तुम्हें सो जाना चाहिए," वे बोले। "तुम्हारे मेहमानों ने बहुत थका दिया तुम्हें। आज वह पहले जैसी बात नहीं है तुम्हारे अन्दर। एकदम निष्क्रिय और निष्प्राण लग रही हो। मेरे चले जाने से तुम्हें खुशी ही होगी। हाँ, पहले...याद हैं हमारी पहली मुलाक़ातें ? क्या तुम जानती हो मैं तुम्हें कितनी गहराई, कितनी शिद्दत से प्यार करता था ? हाँ ! मुझे तुमसे प्यार था। तुम्हारे ताजगी भरे, तरुण, सुन्दर, मधुर व्यक्तित्व और चकाचौंध कर देनेवाले लावण्य ने मुझे पूरी तरह बाँध लिया था। मैं तुम्हें प्यार करता था और हर पल तुम्हारी याद में डूबा रहता था। मुझे लगता, इतना प्यार तो मैं दुनिया की किसी भी अन्य स्त्री से नहीं कर सकता। और लम्बे अन्तराल के बाद जब मैं तुम्हें दुबारा मिला तो मुझे तुम और भी सुन्दर लगीं, एकदम नई और निराली...लगा कि नए सिरे से तुमसे पहचान करनी होगी, और ज़्यादा, कुछ नई तरह से प्यार करना होगा...और यह भी कि तुमसे बिछुड़ना कितना दुश्वार होगा मेरे लिए।"

वे सोफा पर पीछे सिर टिकाकर बैठे थे। मैं सामने कुर्सी पर थी। वे बहुत आहिस्ता बोल रहे थे। उनकी धीमी मीठी आवाज की हल्की गूँज कमरे में फैल रही थी। उनका चेहरा सख्त था, आँखें भावहीन और कठोर।

"क्या तुम यह जानती थीं ?"

मुझे लगा वे मुझ पर कुपित हैं और उलाहना दे रहे हैं—क्यों मैंने उनकी आशाओं को छला ? क्यों मैं पहले जैसी नहीं रही...क्यों अपना लावण्य खो दिया है, निष्क्रिय, निष्प्राण हो गई हूँ ? क्यों मैं अब कमनीय नहीं रही ?

"यह कोई दुःस्वप्न है !" मेरे मन में विचार कौंधा।

"मैं तुमसे प्यार करता था," वे लगभग कुपित स्वर में बोले। अब वे आगे झुककर क्रोध भरी निगाहों से मुझे देख रहे थे। "पर मैं जानता था तुम दूसरी स्त्रियों से भिन्न हो। तुम्हें केवल पवित्र और निष्कलुष प्यार ही किया जा सकता है। पवित्र, निष्कलुष और...निःशेष प्यार। तुम्हें स्पर्श करते मैं डरता था, कहीं रूठ न जाओ। क्या तुम्हें यह बात मालूम थी ?"

उन्होंने मेरा हाथ पकड़ा और तुरन्त ही छोड़ भी दिया। मुझे लगा उन्हें कुछ विरक्ति हुई।

"उफ ! कितना ठंडा हाथ है !"

उठकर घड़ी पर नजर डाली।

"डेढ़ बजा है। अभी वक्त है। मैं कुछ खाकर सुवोरिन से कुछ बातों पर चर्चा कर सकता हूँ। तुम तो अब तुरन्त सो जाओ। तुरन्त।"

उनकी नजरें मेज़ पर, सोफा पर कुछ ढूँढ़ रही थीं।

"शायद तुमसे कल मिलने की बात थी। पर अफसोस है इसके लिए समय नहीं मिलेगा। कल मैं मॉस्को जा रहा हूँ। यानी अब हम कभी नहीं मिलेंगे।"

उनकी नज़रें एक बार फिर पूरे कमरे में घूमीं, वे खिड़की के पास छोटी मेज़ तक गए—उस पर रखी पांडुलिपि उठाई। मैं तनिक भी हिले-डुले बिना बैठी रही, जैसे जान ही न हो।

मेरे कान झनझना रहे थे। सैकड़ों बातें एक साथ मन में आ-जा रही थीं पर उनका कोई सिरा पकड़ में नहीं आ रहा था। एकदम हतबुद्धि हो गई थी मैं—न कुछ समझ पा रही थी न कह पा रही थी।

ओह, यह मुझे क्या हो रहा था ? सब कितना भयंकर था।

किसी तरह खुद को घसीटते हुए उठी और दरवाजे तक उन्हें छोड़ने गई।

"तो, अब हम कभी नहीं मिलेंगे," चेखव ने दुहराया। मैंने जवाब नहीं दिया–सिर्फ हाथ मिलाया एकदम बेजान से ढंग से। हमारा घर चौथी मंजिल पर था। सीढ़ियों पर तेज रोशनी थी। मैं ऊपर खड़ी उन्हें तेजी से सीढ़ियाँ उतरते देखती रही। जब वे तीसरी मंजिल पर पहुँचे, मैंने पुकारा–"एंटन पावलोविच !"

वे रुके, सिर उठाया, क्षण-भर को ठिठके और फिर तेजी से सीढ़ियाँ उतर गए।

मैं चुपचाप देखती रही।

सात

अगले दिन सन्देशवाहक एक पार्सल दे गया जिसमें हाल में छपा चेखव की कहानियों का नवीनतम संकलन था, मेरी कहानियों की पांडुलिपि थी और था एक पत्र। कथा संकलन पर औपचारिक-सी पंक्ति लिखी थी–"ली.ए. को लेखक की ओर से।" पत्र कुछ इस प्रकार था :

15 फरवरी, 1895,
सेंट पीटर्सबर्ग

बावजूद इसके कि साथवाले कमरे में मारकोनी और बैतिस्तीनी का गायन चल रहा था, तुम्हारी दोनों कहानियाँ मैंने बहुत गौर से पढ़ीं। 'ताकत' एक दिलचस्प कहानी है, फिर भी मेरे खयाल में कथानायक

अगर ग्राम-परिषद का मुखिया न होकर सिर्फ एक किसान होता तो बेहतर होता। 'जन्मदिन' के बारे में क्या कहूँ ? उसमें कहानी जैसा कुछ है ही नहीं। एक घटना का बयान भर है और वह भी अनगढ़ बयान। तुमने ब्यौरों का पहाड़ खड़ा कर दिया और इस पहाड़ ने असल चीज को गौण कर दिया है। या तो तुम इसे करीब चार पन्नों की एक लम्बी कथा का रूप दो। नहीं तो बिलकुल ही संक्षिप्त कहानी लिखो और वहाँ से शुरू करो जब कुलीन वृद्ध को घर लाया जाता है।

निचोड़ यह है कि तुम्हारे भीतर प्रतिभा तो है, लेकिन तुम्हारा लेखन बहुत बोझिल हो गया है, हल्के शब्दों में कहूँ तो बासी पड़ गया है और अभी से तुम बासी लेखकों की जमात में शामिल हो गई हो। तुम्हारी शैली बहुत कृत्रिम लगती है, बिलकुल पुराने जमाने के लेखकों की तरह...'हिम का फलक' जैसी अभिव्यक्ति पढ़ने में खटकती है। और फिर 'निकिफोर ने स्वयं को फाटक से अलगाया' या 'उसने स्वयं को दीवार से अलगाया' जैसी अटपटी भाषा पढ़ने को मिलती है।

तुम उपन्यास लिखो। एक साल लगकर उसे पूरा करो, फिर अगले 6 माह उसकी काट-छाँट में लगाओ और तब छपने को दो। रचना पर जितनी मेहनत करनी चाहिए उतनी तुम कर नहीं रही हो। महिलाओं को लिखना नहीं चाहिए बल्कि कागज पर कसीदा करना चाहिए। इसके लिए ज़रूरी है कि धीमी गति से पूरी मेहनत के साथ लिखा जाए। उपदेश देने के लिए क्षमा चाहता हूँ पर कभी-कभी मन करता है कि थोड़ा-बहुत पांडित्य दिखाया जाय और भाषण दिया जाय। मैं यहाँ एक दिन और ठहर गया—बल्कि ठहरने के लिए विवश कर दिया गया। पर कल ज़रूर चला जाऊँगा।

मेरी शुभकामनाएँ तुम्हारे साथ हैं।

—तुम्हारा
चेखव।

प्रिय लीडिया एलेक्सेयिव्ना,

तुम्हारा सोचना गलत है, तुम्हारे यहाँ मुझे भयंकर ऊब बिलकुल महसूस नहीं हुई, हाँ थोड़ा खिन्न ज़रूर था क्योंकि तुम्हारे चेहरे से साफ जाहिर था कि तुम अपने मेहमानों से बुरी तरह उकता चुकी हो। तुम्हारे साथ भोजन करने में मुझे प्रसन्नता होती पर तुमने कल अपना निमन्त्रण नहीं दुहराया और मैंने इसका अर्थ यही समझा कि तुम मिलनेवालों से थक चुकी हो।

आज मैं ब्यूरेनिन से नहीं मिला और अब शायद मिलूँगा भी नहीं। क्योंकि कल ही मैं घर के लिए रवाना हो रहा हूँ। अपनी किताब भेज रहा हूँ--साथ में शुभकामनाएँ और आशीर्वाद भी। उपन्यास ज़रूर लिखना।

--तुम्हारा

चेखव।

चेखव ने मुझे अच्छी-खासी फटकार सुनाई थी--'बोझिल' और 'बासी'। वे मुझसे नाराज थे। पर इस बीच मुझे सोच-विचार का समय मिल चुका था, और हालाँकि अभी तक मैं किसी फैसले पर नहीं पहुँची थी, मैंने अब--मुझे ऐसा लगा--दिल की जगह दिमाग से काम लेना शुरू कर दिया था। पर आगे चलकर यह मेरे जरा भी काम न आया। सच तो यह है कि अपने दिल के विरुद्ध जाना मुझे तनिक भी नहीं भा रहा था। परन्तु भावनाओं के स्थान पर विवेक से काम लेना क्या व्यक्ति के लिए बेहतर नहीं ? भावना की रौ में बहकर मैं पहले ही काफी मूर्खता कर बैठी थी। मिख़ाइल की अनुपस्थिति में मैंने चेखव को मिलने के लिए क्यों आमन्त्रित कर लिया ? क्या समझा होगा चेखव ने ? यही न कि मैंने जानबूझकर उनसे एकान्त में मिलने की योजना बनाई थी। इसके अलावा वे सोचते भी क्या ?

...फिर कैसे, क्या हुआ, मुझे पता ही नहीं चला। बस एक झोंका सा आया और सारी दलीलें, सारे तर्क-वितर्क उड़ाकर ले गया। यह झोंका था मेरे प्यार और विश्वास का, मेरे गहरे दर्द का।

''मैं तुम्हें प्यार करता था–हर पल बस तुम्हारी याद में डूबा रहता था...''

इससे पहले कि मैं किसी फैसले पर पहुँच पाती, ऊहापोह से भरे दो दिन और बीते। आखिर मैंने इरादा पक्का किया और एक जौहरी की दुकान पर गई। वहाँ मैंने घड़ी की चैन में पहनने के लिए पुस्तक की आकृति का एक पेंडेंट बनाने का आदेश दिया। पुस्तक के एक ओर लिखवाया–'चेखव की लघुकथाएँ', और दूसरी ओर 'पृष्ठ 267, पंक्ति 6 और 7।'

चेखव यदि अपनी किताब में ये पंक्तियाँ खोजते तो पढ़ते :

''अगर कभी मेरे प्राणों की जरूरत हो तो आना और निस्संकोच ले लेना।''

पेंडेंट जब तैयार हो गया तो मैंने मॉस्को अपने भाई के पास भेजा, भाई उसे लेकर 'रूसी विचार' के दफ्तर में गॉल्तसेव के पास गया और उनसे अनुरोध किया कि पेंडेंट चेखव के पास भिजवा दें।

यह कदम मैंने घोर निराशा में पड़कर उठाया था। पेंडेट के साथ मैंने कोई सन्देश नहीं भिजवाया, केवल उसके दोनों ओर ये पंक्तियाँ खुदवा दी थीं ताकि सीधे-सीधे स्वीकार जैसा न लगे, चेखव के मन में सन्देह बना रहे और ज़रूरत पड़ने पर मेरे लिए पीछे हटने की गुंजाइश भी बची रहे। अपनी पूरी ज़िन्दगी मैं उन्हें कैसे दे सकती थी ? यह केवल मेरा नहीं, मेरे तीन बच्चों के जीवन का भी प्रश्न था। क्या मिख़ाइल मुझे अपने बच्चे ले जाने की अनुमति देते ? और क्या चेखव ही उन्हें स्वीकार कर पाते ?

इसमें सन्देह नहीं कि मेरा पेंडेंट चेखव तक पहुँच गया था। व्यग्रता के साथ मैं कुछ होने की प्रतीक्षा करती रही। अगले कई दिन दुश्चिन्ता और व्याकुलता में बिताए। कभी मैं उनके आने का इन्तजार करती कभी उनके खत का। सोचती रहती कि खत में वे क्या लिखेंगे। शायद अच्छी-खासी डाँट पिलाएँ–उसी हिसाब से मैं एक चुभता हुआ जवाब भी तैयार कर रही थी। कभी लगता कि उनके खत में चन्द

यूँ ही सी सतरें होंगीं। बस जैसे पहचान बनाए रखने और खतोकिताबत जारी रखने की इनायत भरी इजाजत भर।

किन्तु समय बीतता चला गया, न चेखव आए न उनका खत। कुछ भी नहीं हुआ।

उफ, उनके विचारों को मथते-मथते मैं कितना थक गई थी। उनके मुँह से निकला हर शब्द मुझे याद था, उनकी कही एक-एक बात मैं दोहराती और उनकी आवाज–उनका चेहरा मेरे सामने साकार हो उठता।

परन्तु एक सत्य मेरे सामने उजागर हो गया था। एक सहज, प्रकृत और अटल सत्य कि मुझे चेखव से प्रेम था। केवल उनकी प्रतिभा से नहीं, स्वयं उनसे, उनकी कही हर बात से, हर विचार, हर नजरिए से...

एक बार वे मुझसे बोले थे, ''तुम्हारे भीतर एक सहज नैतिक बोध है। बहुत बड़ी बात है यह।'' बहस इस बात को लेकर छिड़ी हुई थी कि पति या पत्नी का चुनाव करने में अगर भूल हो जाए तो क्या दो जिन्दगियों को नष्ट हो जाने देना चाहिए। कुछ लोगों की मान्यता थी कि विवाह अगर चर्च के विधान के तहत हुआ है तो किसी भी स्थिति में तोड़ा नहीं जा सकता। कुछ अन्य थे जो बड़ी गर्मजोशी से इस मान्यता का विरोध कर रहे थे और तरह-तरह के तर्क देकर इसे गलत ठहरा रहे थे। चेखव मौन थे। फिर आहिस्ता से उन्होंने मुझसे पूछा, ''और तुम्हारी क्या राय है ?''

मैंने कहा, ''पहले देखना होगा कि यह इस योग्य है भी या नहीं।''

''मैं समझा नहीं,'' चेखव ने कहा, ''क्या किस योग्य है ?''

''वह नई भावना...क्या इतने बलिदान के योग्य है ? क्योंकि बलिदान तो करना पड़ेगा। सबसे पहले तो बच्चों की बात सोचनी होगी। उन लोगों की बात सोचनी होगी जिन्हें इस कदम से कष्ट पहुँचेगा। यहाँ आत्मदया के लिए कोई स्थान नहीं। तभी स्पष्ट हो सकेगा कि यह कदम उठाने योग्य है या नहीं।''

बाद में...एक लम्बी अवधि के बाद मुझे यह संवाद याद आया और तब मैं समझी कि इस बात की क्या अहमियत थी। तभी चेखव ने मुझसे कहा था, "तुम्हारे भीतर एक सहज नैतिक बोध है। बहुत बड़ी बात है यह।"

पर यह बात क्या इतनी बड़ी थी कि वे मुझसे प्रेम करने लगे ? वे ?

चेखव को मेरा पेंडेंट मिल चुका था—इस बात में शक की गुंजाइश नहीं थी। पर उन्होंने कोई जवाब नहीं दिया। हमने एक-दूसरे को खत लिखना भी बन्द कर दिया। अब मुझे चेखव के बिना ही जीवन बिताना था।

आठ

फिर पूतकाल। साँझ को मैं मिख़ाइल की स्टडी में बैठी कुछ पढ़ रही थी। मेरा भाई अलेक्सेई मॉस्को से आया हुआ था और बैठक में पियानो बजा रहा था। मिख़ाइल अपने डेस्क पर लिख रहे थे। एकाएक तेज आवाज के साथ पियानो का ढक्कन गिरा और अलेक्सेई कमरे में दाखिल हुआ।

"उकता गया हूँ मैं यहाँ !" वह चिल्लाया, "आखिर मैं पीटर्सबर्ग किसलिए आया हूँ ? चलो कहीं चलते हैं।"

मिख़ाइल ने घड़ी पर नजर डाली।

"इतनी रात में कहाँ जाओगे ? पागल हुए हो ?"

"अभी बारह भी नहीं बजे और इनके लिए रात हो गई—चलो,

चलो !'' उसने मेरा हाथ पकड़ा और खींचना शुरू किया।

''पर हम जाएँगे कहाँ ?'' मैंने हल्का-सा विरोध किया।

''यह देखो,'' उसने अखबार पर नजर दौड़ाई, ''सुवोरियन ने थिएटर में नाच का आयोजन किया है—नक़ाब लगाकर जाना होगा ! चलो वहीं चलें।''

''लेकिन फैंसी ड्रेस ? और नक़ाबवाली पोशाक ?''

''तुम चलो भी। मिल जाएगा कुछ-न-कुछ, कुर्सी से खींचकर उसने मुझे मेरे कमरे की ओर धकेल दिया। ''तैयार हो जाओ जल्दी से, और मैं—''

मिख़ाइल ने हमारे साथ चलने से साफ इनकार कर दिया। जब हम हॉल में अपने ओवरकोट पहन रहे थे, वे चिल्लाए :

''अहमक ! आवारा !''

''चुप रहो, सरकारी चूहे।'' अलेक्सेई ने जवाब दिया।

हमने बर्फगाड़ी पकड़ी और ब्लादिमिसेकाया स्ट्रीट पहुँचे, जहाँ फैंसी ड्रेस की छोटी-सी दुकान थी। पर वह बन्द हो चुकी थी।

''कोई फिक्र की बात नहीं !'' अलेक्सेई बोला और दुकान का दरवाजा भड़भड़ाने लगा।

''बस करो !'' मैं गाड़ी मैं बैठी-बैठी चिल्लाई, ''क्या कर रहे हो ? मुसीबत में फँस जाओगी। वह देखो सिपाही आ रहा है।''

''यह तो और भी अच्छा है,'' मेरा भाई तनिक भी विचलित हुए बिना बोला।

सिपाही जब करीब पहुँचा तो अलेक्सेई धीमे से उससे कुछ बोला, मुझे लगा जैसे उसका हाथ दबाया हो। सिपाही ने बिना रुके खुद भी दरवाजा खटखटाना शुरू कर दिया। हालाँकि वह कहीं अधिक धीमे खटखटा रहा था, दुकान का दरवाजा फटाक से खुला और रात के सोनेवाले कपड़े पहने दुकान की बूढ़ी मालकिन चौखट पर दिखाई दी। सिपाही उससे कुछ बोला, अलेक्सेई को सलाम किया और गाड़ी से उतरने में मेरी मदद भी की।

मोमबत्ती की रोशनी में हमने अपने लिए पोशाकें चुनीं। वैसे चुनने के लिए ज़्यादा कुछ था नहीं, सारी पोशाकें तो पहले ही ली जा चुकी थीं। मुझे नक़ाब-लगा एक काला लबादा मिला जो काफी ऊँचा हो रहा था। पर काम तो उसी से चलाना था।

चन्द मिनटों में हम थिएटर के द्वार पर थे।

"मुझे अकेली मत छोड़ना," मैंने भाई से कहा, "डर के मारे मेरी हालत बुरी हो रही है।"

लोगों से खचाखच भरा ऑडिटोरियम किसी दुःस्वप्न के दृश्य सरीखा दीखता था। भीड़ के रेले के साथ मैं एक ही दिशा में आगे बढ़ सकती थी। अपने बटुए में से ढूँढ़कर मैंने मेवे के दो टुकड़े निकाले जो बच्चों से लोट्टों के खेल में जीते थे और मुँह में डाल लिये ताकि मेरी आवाज पहचानी न जाए।

"सँभल के। कहीं गले में न फँस जाए।" भाई ने चेताया और फिर बरबस चिल्ला उठा, "दाहिनी तरफ तो देखो !"

दाहिनी तरफ चेखव खड़े थे। उनकी आँखें सिकुड़ी थीं और वे लोगों के सिरों के ऊपर दूर कहीं दृष्टि गड़ाए थे।

"अब तो मैं जा सकता हूँ, है न ?" भाई ने कहा और पलक झपकते नदारद हो गया।

मैं चेखव के पास पहुँची।

"हैलो डार्लिंग," मैंने कहा, "बहुत खुशी हुई आपसे मिलकर।"

"तुम मुझे नहीं जानतीं, नकाबपोश," बहुत ध्यान से मुझे देखते हुए वे बोले।

उत्तेजना और ताज्जुब से मैं थरथरा रही थी। क्या उन्होंने मेरी थरथराहट भाँप ली ? बिना एक शब्द भी बोले अपनी बाँह मेरी बाँह में डाली और पूरा चक्कर काटा। नेमिरोविच दाचैन्को फर्राटे से हमारे पास से गुजर गया।

"ओह-ओह-ओह !" वह चेखव से चिल्लाकर बोला, "तो तुम पहले ही किसी को अपनी गिरफ्त में ले चुके हो।"

चेखव मेरे ऊपर झुके और धीमी आवाज में बोले :

"अगर कोई तुम्हारा नाम पुकारे तो मुड़ना मत। अपनी असलियत खोल मत देना।"

"मुझे यहाँ कोई नहीं जानता," भिंची-भिंची आवाज में मैंने जवाब दिया।

नेमिरोविच दाचैन्को किसी-न-किसी तरह हमारे आसपास मँडराता रहा और हर बार चिल्लाता : "ओह-ओह-ओह !"

"उसने तुम्हें पहचान तो नहीं लिया ?" चेखव चिन्तित हो उठे। "मुड़कर मत देखना। क्या तुम कुछ पीना चाहोगी ? चलो किसी बॉक्स में बैठकर एक गिलास शैम्पेन का लेते हैं।"

किसी तरह हम भीड़ से बाहर निकले। सीढ़ियाँ चढ़कर ऊपर बॉक्स तक पहुँचे। गलियारा निर्जन पड़ा था।

"आह, यह ठीक है।" चेखव ने कहा। "मुझे डर था कि नेमिरोविच तुम्हें नाम लेकर पुकारेगा और तुम खुद को जाहिर कर दोगी।"

"लेकिन आप मुझे कौन समझ रहे हैं ? कौन हूँ मैं ? कौन ? बताइए।" मैंने अपनी बाँह खींचकर अलग कर ली और और वहीं खड़ी हो गई। वे मुस्कुराए।

"तुम जानती हो जल्दी ही मेरा नाटक खेला जानेवाला है ?" मेरे सवाल का जवाब दिए बिना उन्होंने पूछा, "जानती हो न ?"

"जानती हूँ। 'जलपाखी'।"

"हाँ, 'जलपाखी'। तुम पहली रात नाटक देखने आओगी ?"

"ज़रूर आऊँगी। वादा करती हूँ।"

"नाटक का हर शब्द बहुत ध्यान से सुनना। मैं अपना उत्तर मंच से तुम्हें दूँगा। तुम बहुत ही ध्यान से सुनना। भूलना मत।"

उन्होंने फिर मेरी बाँह थाम ली।

"किस बात का उत्तर देंगे आप ?"

"बहुत सी बातों का उत्तर। बस तुम ध्यान देकर सुनना और

हर बात याद रखना।''

हम एक खाली बॉक्स के अन्दर आ गए। वहाँ मेज़ पर बोतलें और गिलास रखे थे।

''यह बॉक्स सुवोरिन का है। बैठो, एक-एक जाम लेते हैं।'' वे गिलास भरने लगे।

''मैं कुछ समझी नहीं,'' मैंने कहा। ''आप मेरा मज़ाक तो नहीं उड़ा रहे ? आप मंच से मुझे कैसे सम्बोधित करेंगे ? और मैं यह कैसे समझ पाऊँगी कि कौन से शब्द मेरे लिए हैं ? और फिर आप तो इतना तक नहीं जानते कि मैं हूँ कौन। जानते हैं क्या ?''

''तुम सब समझ जाओगी।...बैठो तो। लो यह अपना गिलास पकड़ो।''

''यहाँ गर्मी है।''

मैं उठकर आईने की तरफ गई।

''पाउडर ठीक करोगी ? अच्छा, मैं उस तरफ नहीं देखूँगा। तुम बेखटके नक़ाब उतार दो।''

उन्होंने मेरी ओर पीठ फेर ली। मैं आईने में उन्हें निहारती रही। वे हिले भी नहीं—पर मैंने अपनी नक़ाब नहीं उतारी।

फिर हम अपने-अपने गिलास से घूँट भरते हुए बात करते रहे।

'' 'जलपाखी' शीर्षक तुम्हें कैसा लगा ?''

''बहुत सुन्दर।''

'' 'जलपाखी'। कितनी वेदना भरी होती है उसकी पुकार। जब भी सुनता हूँ मन उदास हुए बिना नहीं रहता।''

''और आज आप क्यों इतना उदास हैं ? आपकी नजरें हमेशा लोगों के सिर के ऊपर टँगी रहती हैं, जैसे आप इतनी ऊब महसूस कर रहे हैं कि किसी की तरफ देखना ही नहीं चाहते, न आपको किसी की परवाह है।''

''गलत, नकाबपोश। आज रात मैं बिलकुल नहीं ऊब रहा।''

मैंने बात को फिर 'जलपाखी' की तरफ मोड़ दिया।

"आप मुझे मंच से कैसे कुछ बता पाएँगे ? अगर आप मुझे जानते होते तो मैं समझती कि आपने अपने नाटक में मुझे..."

"नहीं...नहीं..."

"फिर तो कोई सम्भावना ही नहीं है। मैं कभी नहीं समझ पाऊँगी ! आपका जवाब भी शायद मेरे लिए नहीं, उस स्त्री के लिए होगा जो आपकी समझ में मैं हूँ।"

"चलो नीचे चलें," चेखव ने कहा। "मैं नहीं चाहता कोई हमें यहाँ देखे।"

वापस ऑडिटोरियम में आने के बाद हम थोड़ी देर तक इधर-उधर टहले फिर एक जगह बैठ गए।

"तुम कुछ कहो अपने बारे में," चेखव ने कहा, "अच्छा अपने प्रेम की दास्तान सुनाओ।"

"कौन सा प्रेम ? प्रेम कहानियाँ तो आप लिखते हैं कि मैं ?"

"काल्पनिक नहीं वास्तविक प्रेम की बात कर रहा हूँ। कभी-न-कभी तुमने ज़रूर किसी से प्यार किया होगा।"

"मुझे तो मालूम नहीं।"

भीड़ हमारे आसपास से गुजरती रही। हवा में शोर और स्त्रियों के वस्त्रों की सरसराहट भरी थी। यह भीड़ आम चुस्त-दुरुस्त, सजे-धजे लोगों की नहीं थी बल्कि जैसे किसी परीकथा का हिस्सा हो या फिर सीधे स्वप्न से साकार हो गई भीड़। स्त्रियों के चेहरों की जगह पर काले और रंग-बिरंगे मुखौटे दिखाई दे रहे थे जिनमें आँखों के लिए छेद बने थे। यहाँ-वहाँ पुरुषों के लबादों की उठी हुई टोपियों के भीतर से जानवरों की शक्लें झाँक रही थीं। कड़कदार कमीजों से आँखें चौंधियाँ रही थीं...और इन सबसे ऊपर पूरे वातावरण में ऑर्केस्ट्रा की उत्तेजना भरी धुनों और वॉल्ट्ज के संगीत की खुमारी छाई थी। मेरा सिर कुछ-कुछ चकरा रहा था, शिराएँ तनी हुई थीं, दिल की धड़कन कभी बहुत तेज हो जाती और कभी लगता जैसे थम ही गई हो। चेखव के कन्धे के साथ अपना कन्धा दबाते हुए मैंने करीब से उनकी आँखों

में झाँका और कहा, "मैं आपको प्यार करती थी, आपको, आपको..."

"तुम फ्लर्ट कर रही हो, नकाबपोश," वे बोले, "और खुद अपनी ही बात काट रही हो, अभी तो तुमने कहा कि मैं तुम्हें नहीं जानता।"

"नहीं, मैं अपनी बात नहीं काट रही। हो सकता है प्यार न रहा हो, पर ऐसा एक घंटा नहीं गुजरा जब मैंने आपको याद नहीं किया। जब आपके संग होती तो अलग होने का जी नहीं करता था। इतनी खुशी मिलती थी कि बर्दाश्त नहीं होती थी। आपको विश्वास नहीं ? ओह, प्रिय !" उन्होंने बालों की लट पीछे सँवारी और छत की ओर ताकने लगे।

"मेरा विश्वास नहीं ? कहिए ?"

"मैं तुम्हें नहीं जानता नकाबपोश..."

"जानते नहीं, फिर भी आप मुझे कोई तो समझ रहे हैं। अभी आपने कहा था मेरी बात का उत्तर आप मंच से देंगे।"

"वह तो यूँ ही कहा। तुम अगर वह नहीं, जिसे मैं सन्देश पहुँचाना चाहता हूँ तो कोई बात नहीं। तुम कुछ समझोगी ही नहीं।"

"और आप सन्देश किसे पहुँचाना चाहते हैं ?"

वे मेरी ओर मुड़े।

"तुम्हें।"

"तब आपने क्यों कहा मुझे नहीं जानते ?"

"मैं इतना जानता हूँ कि तुम अभिनेत्री हो और इस समय कमाल का अभिनय कर रही हो।"

"और जिसे बहुत ध्यान से एक-एक शब्द सुनना है। याद रखना है। है न ?"

"वह तुम हो।"

वे फिर मुस्कुरा रहे थे। मेरी तरफ झुके और बोले, "भूलना नहीं। ध्यान देना एक-एक बात पर।...लेकिन तुमने अपनी दास्ताने-इश्क तो पूरी ही नहीं की। कहती चलो, मैं सुन रहा हूँ।"

"मेरी दास्तान तो बहुत नीरस है और दुखान्त भी।"

"दुखान्त ?"

"मैंने आपसे कहा न, मैं नहीं जानती मुझे सचमुच प्यार था कि नहीं। क्या वह भावना जिससे तुम लड़ते हो, जिसे अपने से दूर हटाने की कोशिश करो, प्यार है ? जब हमेशा...हमेशा यही आशा रहे कि अब तुम्हें प्यार नहीं है, अब तुम इस भावना से उबर रहे हो, अब तुम इससे उबर चुके हो; तो क्या इसे प्यार कहेंगे ?"

"अगर प्यार न होता," चेखव तेजी से बोले, "तो कोई लड़ाई न होती।"

"ओह तो आपको विश्वास है मुझ पर ?"

"मैं तुम्हें नहीं जानता नकाबपोश।"

उन्होंने मेरी बाँह थामी और उठ खड़े हुए।

"यहाँ ताक-झाँक करनेवाली बहुत सी निगाहें हैं। क्या तुम कुछ और पीना पसन्द करोगी ? मेरी इच्छा तो है।"

हम दुबारा ऊपर बॉक्स में गए। चेखव जब आश्वस्त हो गए कि वहाँ कोई नहीं, तो हमने वहीं आसन जमाया। मेज़ पर लगभग पूरी भरी हुई दो बोतलें थीं। हम दोनों प्रसन्न मन से जो कुछ भी दिमाग में आता कहते जा रहे थे। उनका कहना था कि मैं अवश्य कोई अभिनेत्री हूँ और उन्होंने मुझे दुखभरी भूमिकाएँ निभाते हुए देखा है। मैंने यावोर्सकाया को लेकर उन्हें छेड़ना शुरू किया।

"आपको क्या अब भी उससे इश्क है ?"

"क्या तुम सचमुच समझती हो कि मैं तुम्हें बता दूँगा ?"

"भला मुझे क्यों नहीं बताएँगे ?"

"क्योंकि तुम शायद खुद ही यावोर्सकाया हो।"

"आपको पूरा यकीन है ?"

"हाँ, है पूरा यकीन।"

"पहले क्यों नहीं कहा ? मैं अपना नक़ाब उतार देती।"

"तो अब उतार दो।"

"न अब नहीं। अब तो देर हो गई। घर जाने का समय हो गया।"

हमने नीचे झाँका। भीड़ काफी कम हो गई थी। अलेक्सेई पर नजर पड़ी। वह आँखें सिकोड़े मुझे तलाश कर रहा था। हाँ, मुझे तलाश कर रहा था। हँसते-हँसते हम नीचे उतरे और सुवोरिन और उसके साथियों से टकरा गए।

"चेखव, मेरे अजीज," सुवोरिन ने कहा "हमने तुम्हें कहाँ-कहाँ नहीं ढूँढ़ा ?"

मैंने जल्दी से चेखव का हाथ दबाया और भागकर अलेक्सेई के पास पहुँची।

"खुश ?" उसने पूछा।

"खुश और कुछ मदहोश। और तुम ?"

"मैं भी खुश हूँ लेकिन पूरे होशोहवास में। किसी जज की तरह।"

घर लौटते हुए और फिर अपने बिस्तर पर लेटे-लेटे मैं यही सोचती रही कि चेखव क्या सचमुच मुझे यावोर्सकाया ही समझ रहे थे, मंच से उनका सन्देश क्या यावोर्सकाया के लिए होगा ?

मिख़ाइल और मैं नाटक की पहली प्रस्तुति देखने के लिए मशहूर थे और मेरा खयाल था कि इस बार भी वे मेरे साथ चलेंगे, लेकिन उन्होंने मुझे सिर्फ़ एक टिकट ही दिया।

"चेखव-दीवानी, यह लो अपना टिकट, कितनी मुश्किलें उठानी पड़ीं इसके लिए और फिर भी स्टॉल का नहीं ड्रैस सर्किल का टिकट ही मिल पाया है।"

"और आप नहीं चलेंगे ?"

"मुझे एक मीटिंग में जाना है। और सच कहूँ तो मुझे नहीं लगता कि नाटक न देखने में मेरा कोई घाटा है।"

मैं अकेली ही गई और मैं भी सच कहूँ तो इस बात से खुश ही थी। एकान्त की मुझे बेहद ज़रूरत थी। मंच से मुझे कोई सन्देश मिलने की आशा है, इसकी भनक मैंने किसी को नहीं लगने दी थी।

अलेक्सेई तक को नहीं। पर मेरी उत्तेजना छुपाए नहीं छुप रही थी। कितनी लम्बी प्रतीक्षा के बाद यह दिन आया था, और इस लम्बी प्रतीक्षा के दौरान मैंने क्या कुछ नहीं सोच डाला। चेखव ने मुझे पहचान लिया था क्या ? या फिर वे मुझे कोई और ही समझ रहे थे ? उन्होंने कहा था उन्हें 'पूरा यकीन' है कि मैं यावोर्सकाया हूँ। पर ऐसा था नहीं। न तो डीलडौल में और न ही बोलने के अन्दाज में यावोर्सकाया से मेरा कोई साम्य था। पर उनकी जान-पहचान तो अन्य सैकड़ों स्त्रियों से भी रही होगी।

मुझे याद आया : यह दूसरी बार था जब मैंने इस तरह के नक़ाब लगाकर नाच में हिस्सा लिया था। पहली बार मेरे साथ मिख़ाइल और उनके ढेर सारे दोस्त थे। मैंने भरसक कोशिश की थी थोड़ा फ्लर्ट करने की। लेकिन जब कई अजनबी पुरुषों ने मुझे अपने साथ खाने पर चलने और फिर त्रोयका पर घूमने की दावत दी तो मैं डर गई और भाग आई। आनन्द आने की बात तो दूर वहाँ एक-एक मिनट बिताना मेरे लिए दुश्वार हो रहा था। किसी की बाँह में बाँह डालकर घूमने और साथ में जाम लेने का तो प्रश्न ही नहीं था। पर चेखव के साथ खाली बॉक्स में बैठने के लिए मैंने बेहिचक हामी भर दी। उनके संयमित व्यवहार पर, मानो वे किसी नाच में नहीं मित्रों के घर में हों, मुझे तनिक भी आश्चर्य नहीं हुआ। वे मुझे 'ताक-झाँक करनेवाली' निगाहों से बचाना चाहते थे और आशंकित थे कि मैं कहीं खुद को जाहिर न कर दूँ। मैं भी जैसे यह मानकर चल रही थी कि उनका व्यवहार अन्यथा हो ही नहीं सकता। मैं चाहे जो कोई भी होती वह संयम तो चेखव के स्वभाव में ही था। स्त्रियों के प्रति आदर की भावना, आत्मसम्मान और निज मर्यादा-बोध—अकारण छेड़खानी से स्त्रियों की रक्षा की इससे बेहतर गारंटी और क्या हो सकती है ?

पर वे मंच से अपना सन्देश किस स्त्री को पहुँचाना चाहते थे ?

'तुम्हें।' उन्होंने कहा था।

और अब मैंने पूछा था कि जिसे बहुत ध्यान से एक-एक शब्द

सुनना है, याद रखना है, वह क्या अभिनेत्री है, तो उन्होंने कहा था—'वह तुम हो।'

मुझे भी विश्वास हो चला था कि 'तुम' मैं ही थी।

वह पूरा दिन इसी उधेड़बुन में बीता।

थिएटर पूरा भरा था। बहुत से लोग जिन्हें मैं जानती थी वहाँ मौजूद थे। मेरी सीट ड्रेस सर्किल में दरवाजे के करीब दाईं ओर थी। इतनी ऊँचाई पर कि आनेवाले दोस्तों से मैं हाथ मिला सकती थी और दरवाजे पर खड़े हुए या फिर वहाँ गुजरनेवाले लोगों की हर बात सुन सकती थी। हर व्यक्ति मुझे उतना ही उत्तेजित, उतना ही आशान्वित दिखता था जितनी मैं खुद—पहला अंक आरम्भ हुआ।

देखते-सुनते मैं जिस अनुभव से गुजर रही थी उसी को कागज पर उतारने के लिए मेरे पास शब्द नहीं। मेरे लिए नाटक जैसे बिलकुल बेमानी था। अर्थ मुझ तक पहुँचने के पहले ही खो जाता था। प्रत्येक चरित्र के मुँह से निकलनेवाले हर शब्द पर मेरे कान लगे थे। मैं पूरी एकाग्रता के साथ सुन रही थी। परन्तु नाटक न तो मुझे समझ आ रहा था न मुझ पर कोई प्रभाव ही छोड़ रहा था। नीना जारेश्नाया ने जब अपना एकालाप शुरू किया, "जनता..." मुझे स्टॉल में कुछ विचित्र-सा शोर सुनाई दिया। मैं चौंक गई। ये क्या हो रहा है ? मुझे लगा जैसे नीचे बैठे दर्शकों की पाँत में हँसी की एक लहर दौड़ गई। यह हँसी की लहर थी ? या रोष की ? जो भी था द्वेष-भरा और अप्रिय था। पर यह कैसे सम्भव है ? चेखव तो बहुत लोकप्रिय थे ! हर किसी के चहेते !

पर्दा गिरा और अनहोनी हुई। तालियों की ध्वनि धिक्कार के स्वरों में दब गई...जितनी जोर से तालियाँ बजतीं धिक्कार के स्वर उतने ही तेज और तीखे हो जाते। और तभी मुझे लोगों की हँसी स्पष्ट सुनाई दी। यह कोई साधारण हँसी नहीं थी, वे लोग तो हँस-हँसकर लोट-पोट हुए जा रहे थे, दर्शक बाहर निकल गलियारों और खुली जगह में इकट्ठे होने लगे। उनमें से कुछ तो बेहद क्रोध में थे, कुछ जहर-बुझे कड़वे

शब्दों में अपनी नापसन्दगी व्यक्त कर रहे थे।

"प्रतीकों से भरा कूड़ा ! न सिर न पैर !"

"वह कहानियाँ ही लिखे तो बेहतर !"

"हमें समझ क्या रखा है ?"

"खुद को ज़्यादा ही बड़ा समझने लगा है; लापरवाह होता जा रहा है।"

लेखक यासिन्स्की मेरे पास पहुँचे। साँसें उखड़ी हुई, खस्ता हाल।

"तुम्हें कैसा लगा ? अरे, एकदम भयंकर है ! शर्मनाक, बेहूदा।" कोई उन्हें वहाँ से खींच ले गया। चेहरों पर व्यंग्य और द्वेष-भरी मुस्कान लिये कुछ लोग हाथ नचा-नचाकर सिर हिलाते हुए घूम रहे थे। हर दिशा से बस एक ही नाम सुनाई दे रहा था—चेखव... चेखव...चेखव...

अगर मैं चाहती तो भी उठकर खड़ी न हो पाती। और मैं तो चाहती भी नहीं थी। ऑडिटोरियम शान्त हो गया। मन में ज़हरीला गुबार भरी भड़ास निकालने को उतावले दर्शक बाहर निकल गए। बाहर छोटे-छोटे गुट एक-दूसरे से होड़ लगाकर जोर-शोर से नाटक के परखचे उड़ाने में लगे थे। यह था साहित्यकारों और पत्रकारों की दुनिया का असली चेहरा। जो लोग कल तक चेखव के आगे-पीछे रहते थे, रात-दिन उनके गुण गाते नहीं अघाते थे, आज मौक़ा मिलते ही उनकी चिथड़े उड़ाने के लिए पूरी ताकत से उन पर वार कर रहे थे। और क्यों न करते ? उनके देखते-देखते चेखव ने उन्हें पीछे छोड़कर आकाश की ऊँचाइयाँ छू ली थीं। यह बात उन्हें कैसे गवारा होती ? अब जबकि उनकी नजरों में चेखव की हेठी हो चुकी थी वे जल्द-से-जल्द उन्हें धराशायी करने पर उतारू थे।

दूसरा अंक शुरू होने से पहले जैसे ही ऑडिटोरियम भरना शुरू हुआ, मुझे अपनी बाँईं ओर के एक बॉक्स में सुवोरिन दिखाई दिए। मैंने सोचा शायद चेखव भी हों—पर वे वहाँ नहीं थे।

मंच से कोई सन्देश पाने की आशा तो अब नहीं रही थी, फिर

भी मैं मनोयोग से नाटक का हर शब्द सुनने लगी। मुझे याद आया, चेखव ने यह नाटक गर्मियों में मेलिखोवे की अपनी छोटी सी कुटिया में बैठकर लिखा था। हरे-भरे पेड़ों से घिरी उस कुटिया में बैठे हुए उन्हें कभी-कभी पियानो और गाने के स्वर सुनाई देते थे। लिखने से उन्हें बहुत सुख मिलता है, ऐसा उन्होंने खुद मुझे बताया था। यह सब मेरे मन में इतना साफ-साफ कौंधा कि एक क्षण के लिए वह छोटी सी कुटिया, उसके भीतर अपनी पांडुलिपि पर झुके चेखव और माथे पर झूलती लट--पूरा दृश्य मेरी आँखों के सामने आ गया। उस क्षण पीटर्सबर्ग और उसका अलेक्जेंड्रिंसकी थिएटर दूर चला गया, नाटक की पहली रात विस्मृत हो गई--अब था सिर्फ मेलिखेवो और वहाँ की शान्त, राहत-भरी आश्रयस्थली...पर असलियत में तो वे दूर थे और यहाँ की हकीकत थी लोगों से खचाखच भरा यह थिएटर और खूँखार जानवरों की शक्लों में बदलते उनके दोस्तों के चेहरे।

नाटक की विफलता से मैं बहुत खिन्न और निराश थी। कैसा महसूस कर रहे होंगे चेखव ? कौन है इस समय उनके पास अपनी दोस्ती का अहसास कराने, सहारा देने और ढाँढस बँधाने के लिए ? काश मैं उस शख्स को जानती तो मुझे उससे सचमुच बहुत रश्क होता।

मुझे मंच से उत्तर देने की बात शायद मजाक में ही कह दी होगी। मुझे बिना पहचाने ही उन्होंने कह दिया था, यूँ ही...तभी त्रिगोरिन से विदा लेने नीना बाहर आई और उसकी ओर एक मिडैलियन बढ़ाते हुए बोली--"इसके एक ओर तुम्हारा नाम लिखा है, दूसरी ओर तुम्हारी पुस्तक का शीर्षक।"

"कितनी सुन्दर सौगात है !" कहकर त्रिगोरिन ने मिडैलियन को चूम लिया। नीना जब मंच से चली गई तो त्रिगोरिन ने अपनी सौगात को उलट-पुलटकर देखा। और पढ़ा : "पृष्ठ 121, पंक्ति, 11 और 12।" दो बार यह संख्या दुहराने के बाद उसने अर्कादिन से, जो तभी मंच पर आई थी, पूछा, "क्या मेरी कोई पुस्तक है ?"

पुस्तक मिलने पर उसने फिर कहा : "पृष्ठ 121, पंक्ति 11 और

12।" और सही पृष्ठ खोजकर पंक्तियों की गिनती के बाद धीमी मगर साफ आवाज में पढ़ा :

"अगर कभी मेरे प्राणों की जरूरत हो तो आना और निस्संकोच ले लेना।"

दृश्य के आरम्भ में ही, नीना ने जैसे ही मिडैलियन के साथ अपने हाथ बढ़ाए मेरी दशा कुछ विचित्र सी होने लगी। पहले सारा शरीर सुन्न पड़ गया, साँस लेना भी दूभर था। फिर मैंने सिर नीचे झुका लिया, लगा जैसे थिएटर में मौजूद हर व्यक्ति एक साथ पीछे मुड़कर मेरा चेहरा घूर रहा है। मेरा सिर घूम रहा था, दिल बेतहाशा धड़क रहा था। लेकिन मुझसे कुछ छूटा नहीं, न मैं कुछ भूली : पृष्ठ 121, पंक्ति 11 और 12 ये संख्याएँ उन संख्याओं से भिन्न थीं जो मैंने चेखव के लिए घड़ी की चेन के पेंडेंट पर गढ़वाई थीं। निश्चय ही उनका यह सन्देश मेरे लिए था। उन्होंने अन्ततः मंच के जरिए मुझ तक अपना उत्तर पहुँचा ही दिया—मुझ तक केवल मुझ तक, यावोर्सकाया को नहीं और न ही किसी ओर को।

"तुम्हें !" "वह तुम हो !" वे जानते थे कि मुझसे मुखातिब हैं। वह पूरा समय उन्होंने मेरे सान्निध्य में बिताया था—अच्छी तरह जानते-बूझते हुए। इसका मतलब वे मुझे तुरन्त ही पहचान गए थे। पहली नजर में।...पर इन पंक्तियों में क्या था ? क्या था ? क्या था इन पंक्तियों में ?

इतनी देर में मैं कुछ सँभली और फिर मंच की तरफ देखने लगी। नाटक अब मुझे समझ में आने लगा। लेकिन इस समय सबसे तीव्र इच्छा तो चेखव से मिलने की हो रही थी। वे बॉक्स में तो थे नहीं, यानी कहीं मंच के पीछे थे। वहाँ पहुँच पाना तो असम्भव सा ही था, सम्भव होता भी तो शायद मेरा साहस साथ न देता। काश उनसे अनायास मिलने की कोई सूरत हो पाती तो कम-से-कम मैं इतना तो जान जाती कि वे मुझे अपने निकट चाहते हैं या नहीं। क्या मेरी मौजूदगी उन्हें सहन न होती ? कैसे पता चले कि वे मुझसे मिलना

भी चाहते हैं या नहीं ? कहीं मुझे यह भी महसूस हो रहा था कि जीवन के उस भीषण कठिन क्षण में वे मुझे पहचानते भी नहीं, कतराकर निकल जाते या शायद मुझसे मिलकर क्षुब्ध ही होते। मुझ तक अपना सन्देश पहुँचाने के लिए उन्होंने ऐसे नाटक को माध्यम बनाया जो विफल सिद्ध हुआ था, मेरी उपस्थिति उन्हें शायद इसलिए और भी कचोटती। मेरा भय अकारण नहीं था। मैं जैसे खुद को दोषी पा रही थी। फिर भी जब अन्तिम अंक के पहले अवकाश हुआ तो मैं काबू खो बैठी और बाहर गलियारों में, प्रवेश द्वार के सामने यहाँ-वहाँ उन्हें तलाशती रही। मुझे विश्वास था कि देखते ही मैं जान जाऊँगी कि उन्हें मेरी ज़रूरत है या नहीं।

पर वे मुझे कहीं नहीं मिले। बाद में लोगों को कहते सुना कि चेखव थिएटर से जा चुके हैं। हर कोई कानाफूसी करते हुए एक-दूसरे को यह खबर सुना रहा था। चेखव मुँह छिपाकर भाग गए थे ! अन्तिम अंक में, जो मुझे इतना पसन्द आया कि कुछ देर के लिए मैं नाटक की विफलता भी भूल गई, कॉम्मिस्सार ज़िव्स्काया (नीना) को त्रिप्ल्योव का वह नाटक याद पड़ा जिसके पहले अंक में उसने (नीना) विश्व की आत्मा की भूमिका की थी और उसने सहसा सोफा से चादर खींची, अपने चारों ओर लपेटी और पुनः अपना एकालाप शुरू किया, "ए जनता...

अभी आरम्भ किया ही था कि पूरा थिएटर ठहाकों से गूँज उठा। जबकि यह नाटक का सबसे नाटकीय, सबसे करुण स्थल था जहाँ सारे दर्शकों की आँखें नम हो जानी चाहिए थीं।

वे लोग चादर देख-देखकर हँस रहे थे। वास्तव में विश्व की आत्मा के श्वेत परिधान की स्मृति ताजा करने की उतावली में कॉम्मिस्सार ज़िव्स्काया ने जल्दबाजी से काम लिया था और उसका अभिनय उतना सुन्दर और असरदार भी नहीं था। पर यह तो महज एक बहाना था। हँसी के पीछे असल वजह कुछ और थी। मुझे पूरा यकीन था कि उन खूँखार पाशविक चेहरों ने जान-बूझकर हँसना शुरू

किया और उनकी देखा-देखी अन्य दर्शक भी हँसने लगे—शायद सोचा हो कि यहाँ हँसी की बात है। वजह जो भी हो—प्रत्येक दर्शक हँस रहा था, पूरा थिएटर हँस रहा था और नाटक का अन्त पूरी तरह मटियामेट हो गया था। त्रिप्ल्योव के जीवन का अन्त करनेवाली गोली ने किसी का दिल नहीं बेधा। पर्दा गिरने के साथ ही थिएटर धिक्कार के उन्हीं तीखे स्वरों से भर उठा जिन्होंने पहले अंक की समाप्ति पर बजी तालियों की हल्की सी ध्वनि को दबा दिया था।

क्लोक-रूम में अभी गहमागहमी खत्म नहीं हुई थी। वहाँ भी लोग हँस रहे थे, एक-दूसरे पर चीखते-चिल्लाते लेखक को कोस रहे थे।

"सुना तुमने ? उसने सीधे रेलवे स्टेशन का रास्ता पकड़ा। भागा वापस मॉस्को !"

"अच्छा ? और अपना प्लेकोट पहने ही रहा ? अभिनन्दन की तैयारी के साथ आया था। हा-हा !"

परन्तु मैंने एक महिला को अपने साथी से यह कहते भी सुना—"बहुत बुरा हुआ। वह कितना संवेदनशील है ! कितना प्रतिभाशाली ! और एकदम नौजवान भी। चेखव अभी एकदम युवा ही है न ?"

घर पहुँची। ठंडा खाना, गर्म समोवार मेरी प्रतीक्षा में थे। मिख़ाइल भी।

"तो ? नाटक खूब कामयाब रहा ?"

"नहीं," मुझे कहना पड़ा, "बुरी तरह नाकामयाब रहा।"

"नर्सरी में मत जाना," मेरा हाथ अपने हाथ में लेते हुए उन्होंने सावधान किया, "मैं अभी वहीं से चला आ रहा हूँ। बच्चे सोए हैं आराम से। वे लोग वहाँ मजे में हैं। खूब दौड़भाग की, खेले-कूदे। तुम यहाँ बैठो और तफसील से बताओ क्या हुआ।"

"नाटक नाकामयाब रहा," मैं फिर बोली और जो कुछ थिएटर में मैंने देखा-सुना था सरसरी तौर पर उन्हें बता दिया।

"ओह, ये अखबारनवीस भी कितने शातिर होते हैं !" मिख़ाइल

गुस्से में भरकर बोले। "पाजी, बदमाश...तुम्हारा कहना है कि चेखव वहाँ से चले गए ? तुम समझ ही सकती हो उनके दिल की हालत। मेरे खयाल से नाटक उनकी विधा है ही नहीं, उन्हें तो बस कहानियाँ लिखनी चाहिए, जैसे 'घास का मैदान'। कहानियाँ लिखने में तो वे बेजोड़ हैं।"

कितनी राहत मिली सुनकर कि मिख़ाइल चेखव को नहीं, उनके निन्दकों को कोस रहे हैं। मुझे आशंका थी कि मौके का फायदा उठाकर मिख़ाइल भी चेखव को दो-चार सुनाएँगे पर उन्हें शायद चेखव से सहानुभूति हो रही थी और कुछ देर के लिए वे अपनी अनबन भूल गए थे।

"लेकिन तुम निश्चिन्त रहो, बच्चों की अम्मा," वे बोले, "इन बातों से कुछ फर्क नहीं पड़ता। ये लोग उसकी कितनी भी लानत मलामत क्यों न करें, वह जल्द ही दिखा देगा कि किस मिट्टी का बना है। तब यही लोग पूँछ हिलाते उसके पीछे घूमेंगे। लेकिन अब इन्हें उससे भलमनसाहत की आशा नहीं रखनी चाहिए। ये श्रीमान चेखव कुछ ज़्यादा ही भले मानुष हैं। कोई भी कपटी दुष्ट उन्हें बहला-फुसला सकता है। और वे तुरन्त ही सबकी बातों में आने को तैयार रहते हैं।"

मिख़ाइल की बातों से दिल को ठंडक तो मिली, परन्तु इस बीच वे संख्याएँ—121, 11 और 12 लगातार मेरे दिमाग में बजती जा रही थीं।

चेखव की किताब मिख़ाइल की स्टडी में अलमारी में रखी थी। कितना आसान था किताब निकालकर सन्देश पढ़ लेना। लेकिन अभी मुझे चाय पीनी थी, एक सैंडविच खाना था, कुछ मिख़ाइल की बातें सुननी थीं, कुछ अपनी कहनी थीं। दिल में धुकधुकी बनी थी...आखिर सन्देश में क्या होगा ?...पृष्ठ 121, पंक्ति 11 और 12। ओह ! काश मैं किसी तरह तुरन्त उनकी किताब देख पाती। खैर ! किसी तरह चाय खत्म हुई। मिख़ाइल अपनी स्टडी में गए, कुछ देर तक इधर-उधर करते

रहे, सीटी पर धुन बजाई, आखिर बैठक से होते हुए अपने सोने के कमरे में चले गए।

"बच्चों की माँ, सोने चल रही हो न ?"

"हाँ बस अभी थोड़ी देर में।"

तब कहीं मैं स्टडी में गई। मोमबत्ती जलाई—मिख़ाइल ने जाने से पहले लैम्प बुझा दिया था। एक हाथ में मोमबत्ती पकड़े-पकड़े मैंने चेखव की किताब खोजी, बाहर निकाली, काँपती उँगलियों से पृष्ठ 121 ढूँढ़ा, पंक्तियाँ गिनीं और पढ़ा। "...लेकिन तुम क्यों ऐसे मुझे देखते हो ? क्या मैं तुम्हें पसन्द हूँ ?"

मैं स्तम्भित ! दुबारा पढ़ा...नहीं कोई भूल नहीं की थी ?... "लेकिन तुम क्यों..."

"अरे भई, बच्चों की माँ !" मिख़ाइल चिल्लाए, "कहाँ रह गईं ?"

"तुम क्यों ऐसे मुझे देखते हो ?..." मैंने आहिस्ता से किताब बन्द की। तो क्या वे मेरा मजाक ही उड़ा रहे थे ?

"क्या मैं तुम्हें पसन्द हूँ ?"

इस वक्त वे मॉस्को जानेवाली ट्रेन में बैठे होंगे। बैठे सोच रहे होंगे। या शायद कुछ भी न सोच रहे हों। कोशिश कर रहे होंगे कि जो कुछ देखा-सुना है, भूल जाएँ, लेकिन सब कुछ रह-रहकर याद आ रहा होगा—मंच पर अभिनेताओं की अफरातफरी, दर्शकों में छुपे वे खूँखार चेहरे, नाटक पर हँसती, खिल्ली उड़ाती आवाजें। ओह ! उनकी मानसिक दशा का मुझे बखूबी अनुमान था, मैं खुद इसी हालत से गुजर चुकी थी, परन्तु क्या उन्हें अपने सन्देश का ध्यान भी होगा। क्या उन्हें जरा भी अन्दाजा है के इतनी आकुल प्रतीक्षा के बाद जब मैंने "क्या मैं तुम्हें पसन्द हूँ ?" पढ़ा तो दिल पर क्या बीती...क्या यह सन्देश इस योग्य था कि मुझ तक पहुँचाने के लिए नाटक में यह प्रकरण जोड़ा जाए ?

नींद आँखों से कोसों दूर थी। थिएटर की घटनाओं की स्मृतियाँ

मेरा भी पीछा कर रही थीं, नाटक की जबर्दस्त विफलता से गहरा आघात पहुँचा था और सन्देश पढ़कर घोर निराशा हुई थी।

सहसा बिजली की तरह एक विचार मन में कौंधा। मैंने उनकी पुस्तक में से पंक्तियाँ चुनीं थीं–क्या यह सम्भव नहीं कि उन्होंने मेरी पुस्तक की पंक्तियाँ चुनी हों ?

मिख़ाइल को सोए काफी देर हो चुकी थी। मैं बिस्तर से कूदी, भागकर स्टडी में पहुँची, अपनी छोटी सी किताब 'खुशदिल' निकाली और पृष्ठ 121 की पंक्ति 11 और 12 पढ़ी, "युवतियों के लिए नक़ाब पहनकर नाच में भाग लेना ठीक नहीं।"

तो यह था उनका सन्देश...इसमें कितनी ही बातों का उत्तर था। घड़ी चेन का पेंडेंट किसने भेजा था ? नकाबपोश महिला कौन थी ? उनसे कुछ छुपा नहीं था ! वे सब जान गए थे।

नौ

सुवोरिन के थिएटर में किसी अनूदित नाटक का मंचन किया जा रहा था। ऑडिटोरियम में नजर दौड़ा रही थी कि अपने बॉक्स में खुद सुवोरिन और उनकी बगल में चेखव बैठे दिखाई दिए। मुझे तो मालूम ही नहीं था कि वे पीटर्सबर्ग आए हुए हैं। उन्होंने मुझे अपने आने की खबर क्यों नहीं भेजी ? हमारी दोस्ती भी निराली ही थी। उन्होंने मुझे देखा और पीठ फेर ली। कितना हास्यास्पद था सब। कितना बेतुका। श्रीमती और श्री सुवोरिन और दोनों के बीच बैठे चेखव। वे तो जानते थे कि उनमें मेरे प्राण बसते हैं, शायद यही वजह थी कि उन्होंने मेरी ओर पीठ फेर ली। क्या इस समय वे अपनी घड़ी की चेन में मेरा पेंडेंट पहने होंगे ? मेरे दिल ने पूछा।

मध्यान्तर में मैं बाहर निकल गई। अगला अंक आरम्भ होने की घंटी बजने पर तेजी से सीढ़ियाँ उतर रही थी कि देखा सुवोरिन के बॉक्स के सामने गलियारे में चेखव खड़े हैं। यह वही बॉक्स था जहाँ बैठकर हमने कभी शैम्पेन पी थी। मुझे देखकर वे जल्दी से मेरे निकट आए और मेरा हाथ अपने हाथ में ले लिया।

''नाटक बहुत बेतुका है।'' वे जल्दी में बोले, ''तुम्हारा क्या खयाल है ? इस लायक नहीं कि पूरा देखा जाए। क्या मैं तुम्हें घर नहीं छोड़ने चलूँ ? तुम अकेली ही आई हो न ?''

''कृपया कष्ट न करें,'' मैंने जवाब दिया, ''आपका यूँ चले जाना सुवोरिन को अच्छा नहीं लगेगा।'' चेखव के माथे पर कुछ बल पड़े।

''नाराज हो मुझसे। लेकिन मैं तुमसे कहाँ और कैसे बात करूँ ? बहुत ज़रूरी है।''

''और आपके विचार से मुझसे बात करने के लिए सड़क से बेहतर कोई जगह नहीं ?''

''तो फिर तुम बताओ न। मैं तुमसे कहाँ मिलूँ ? और कब ?'' बॉक्स का दरवाजा खुला और सुवोरिन बाहर निकले।

''देखिए, वे आपको ढूँढ़ रहे हैं। आप जल्दी अपनी जगह पर लौट जाइए।'' मैं हँसी और तेजी से गलियारा पार कर लिया।

''चलो, इतना तो साफ हो गया,'' मैंने खुद से कहा, ''मुझ पर जो दौरा पड़ा था वह उतर चुका है।''

मैं अपनी जगह पर लौटना चाहती थी, लेकिन फिर इरादा बदल दिया। क्लोकरूम जाकर कोट उठाया और घर की तरफ चल पड़ी। बाहर बर्फ भी गिर रही थी और बारिश भी। तेज हवा के कारण चलना मुश्किल था।

''टैक्सी, मादाम !'' टैक्सीवाले ने पूछा।

एक पल को मैं हिचकिचाई, लेकिन फिर पैदल चलना जारी रखा। घर जाने का मन नहीं था, अभी बहुत जल्दी भी थी। घर में किसी को उम्मीद नहीं होगी कि मैं इसी वक्त घर पहुँच जाऊँगी।

"वाह, मैंने भी क्या चतुराई दिखाई," अब मैंने जी भरकर खुद को कोसना शुरू किया, "तो दौरा उतर गया है ! मैं भी कितनी अभागी हूँ। वे मुझसे बात करना चाहते थे और मैंने कैसा रूखा व्यवहार किया ! बात क्या हो सकती है ?" 'ज़रूरी है' वे बोले थे। मैंने फिर उन्हें ठेस पहुँचाई।

फिर सोचा कि नहीं–वे तो समझते हैं मुझे। वे सब जानते-समझते हैं। मेरी खाली कुर्सी देखकर इस समय भी वे उदास होंगे।

लेकिन उदास क्यों होंगे ? क्या उन्हें मेरे लिए अफ़सोस है ?

ओह, काश उन्हें भी मुझसे उतना ही प्यार होता ! काश...

तो क्या होता ?

चलते-चलते मैंने घंटों बिता दिए पर मेरा यह प्रश्न अनुत्तरित ही रहा।

दस

चेखव के साथ मॉस्को में मिलने की बात तय हुई। मार्च में मुझे वहीं जाना ही था, चेखव ने मेलिखोवो से पहुँचने का वचन दिया था। 18 मार्च, 1897 को उन्होंने मुझे पत्र लिखा :

> मानिनी लीडिया अलेक्सेयिव्ना, तुमसे मिलने को उत्सुक हूँ—बेहद उत्सुक, बावजूद इसके कि तुम झूठी हो और 'बहरहाल' मेरी शुभाकांक्षी हो। मैं 26 मार्च के पहले ही, सम्भवतः सोमवार शाम 10 बजे तक मॉस्को पहुँच जाऊँगा और इवेर्स्कीया स्ट्रीट के सामने मॉस्को ग्रैंड होटल में ठहरूँगा। अगर काम इजाज़त दे तो शायद और भी जल्दी पहुँच जाऊँ। फिलहाल तो मैं बहुत ही व्यस्त हूँ। 28 तक में मॉस्को में

रुकूँगा और फिर—मुझे पीटर्सबर्ग जाना है। तब तक के लिए विदा। गुस्सा थूक दो और मेरे साथ भोजन का निमन्त्रण स्वीकार करने की कृपा करो। सच मानो मुझे बहुत अच्छा लगेगा। चाहे कुछ भी हो जाए मैं आऊँगा ज़रूर—बशर्ते कि बीमार ही न पड़ जाऊँ। मेरा प्रणाम स्वीकार करो...और अपने हाथ पर मेरा स्पर्श।

—तुम्हारा चेखव

मैंने अपना मॉस्को का पता उन्हें भेज दिया। 23 मार्च को सन्देशवाहक उनका सन्देश लाया।

मॉस्को ग्रैंड होटल, कमरा नं. 5,
शनिवार

मैं आशा से पहले ही मॉस्को पहुँच गया। कब मिलोगी ? मौसम में धुन्ध और नमी है और मेरी तबीयत भी काफी गिरी-गिरी सी है। इसलिए कोशिश यही रहेगी कि बाहर न निकलूँ। क्या खुद मेरे आने की प्रतीक्षा किए बिना तुम मिलने न आओगी ? शुभ कामनाओं सहित,

—तुम्हारा चेखव

मैंने तुरन्त कहला भेजा कि शाम को मैं उनसे मिलने होटल पहुँच रही हूँ।

मॉस्को में मैं अपने बड़े भाई के यहाँ ठहरी थी। उनकी पत्नी मेरी ननद भी थीं। इसलिए मैंने उन्हें यह नहीं बताया कि मैं चेखव से मिलने जा रही हूँ। अलेक्सेई को तो पूरी बात मालूम ही थी, उसने कुछ ऐसा प्रबन्ध किया कि शाम बाहर बिताने के लिए किसी बहाने की ज़रूरत ही नहीं पड़ी। इस बात का फायदा उठाते हुए कि वह मेरे 'नामकरण का दिन' था, अलेक्सेई ने मुझे अपने घर आने की दावत दे दी थी। बड़े भाई और उनकी पत्नी चूँकि तॉल्स्तॉय-दर्शन के अनुयायी थे और नाम-दिवस में उनका विश्वास नहीं था, ऐसे किसी भी उत्सव

में वे भाग नहीं लेते थे। मेरी ननद का मन तो था कि वह भी दावत में शरीक हो, अलेक्सेई के मित्रों के साथ मिले-जुले, वह खाने-पीने की शौकीन भी थी पर अलेक्सेई ने उसे मौक़ा ही नहीं दिया, बोला, "मैं तुम्हें न्यौता नहीं दे रहा। कहाँ मेरे घर के ज़रा-ज़रा से कमरे—कहाँ तुम्हारी यह भारी-भरकम काया !" उसे ठेस तो लगी पर जाहिर नहीं किया। कहा, उसका इरादा तो आने का था ही नहीं।

मेरा विचार होटल में अधिक देर तक रुकने का नहीं था और चेखव से मिलने के बाद मैं सीधे अलेक्सेई के घर आनेवाली थी।

वादे के मुताबिक आठ बजे होटल पहुँची। पोर्टर को अपना कोट देने के बाद कमरा नं. 5 के लिए सीढ़ियाँ चढ़ ही रही थी कि उसने पीछे से पुकारा :

"मादाम, किससे मिलना है आपको ?"

"श्री चेखव से। कमरा नम्बर 5 में।"

"लेकिन वे तो यहाँ हैं ही नहीं। बाहर गए हैं।"

"नामुमकिन। शायद उन्होंने हिदायत दी हो कि उनके कमरे में किसी को न आने दिया जाए। वे बीमार हैं। उन्होंने मुझे लिखा था।"

"ये सब तो मैं नहीं जानता मादाम, पर इतना मालूम है कि वे अपने कमरे में नहीं हैं, आज सुबह ही श्री सुवोरिन के साथ कहीं निकल गए।"

किंकर्तव्यविमूढ़ मैं वहीं सीढ़ी पर खड़ी रही। तभी भागते हुए एक वेटर वहीं आया। पोर्टर ने जैसे उससे बात की पुष्टि करवाने के लिए कहा :

"इन्हें यकीन नहीं हो रहा कि चेखव होटल में नहीं हैं।"

"मेरे खयाल से मादाम, वे देहात अपने घर लौट गए हैं," वेटर बोला, "मैंने उन्हें श्री सुवोरिन से कहते सुना था कि वे शाम को घर लौट जाएँगे। दोपहर के भोजन के लिए स्लाव बाज़ार गए थे। शायद वापस यहाँ आने का खयाल छोड़ दिया हो।"

"पर उन्होंने खुद मुझे बुलाया था। मैंने भी अपना सन्देश भिजवा

दिया था।''

''सुबह से चेखव साहब के नाम सैकड़ों खत आ चुके हैं,'' पोर्टर ने अब बताया, ''नीचे ढेर लगा है।''

जल्दी से नीचे उतरकर मैंने शीशे के सामने लगी ख़तों की ढेरी को टटोला और अपना खत निकालकर मुट्ठी में मसल दिया। चेखव सच ही होटल में नहीं थे। कोट पहनकर मैं बाहर निकल आई। इस बीच वेटर बोले चला जा रहा था :

''चेखव ज़रूर देहात लौट गए हैं मादाम। ज़रूर कोई खास काम आ गया होगा।''

टैक्सी पकड़ी और अलेक्सेई के घर पहुँची। वहाँ काफी मेहमान जमा थे, शोरोगुल और रौनक का आलम था।

''मेरा इरादा बदल गया।'' अलेक्सेई की प्रश्न-भरी दृष्टि के जवाब में मैंने कहा।

जब तक लोगों ने पियानो बजाना और ज़ोर-शोर से गीत गाना आरम्भ किया, मेरी सहनशक्ति चुक गई थी। अब और अपनी पीड़ा को दबा पाना सम्भव नहीं रहा। वहाँ से उठकर अलेक्सेई के छोटे से कमरे में जा छुपी। मेरे पीछे-पीछे ही अलेक्सेई भी अन्दर आया, उसके मुख पर घनी चिन्ता छाई थी पर कुछ पूछने का साहस नहीं जुटा पा रहा था। चुपचाप बैठा मेरी ओर ताकता रहा। मूर्ति में लगे छोटे से लैम्प का पीला प्रकाश कमरे में फैला था।

कुछ रुककर अटकते हुए मैंने उसे होटल में अपने स्वागत का पूरा हाल सुनाया। सुनते ही वह उछलकर खड़ा हो गया, पूछा :

''तुम्हारे खयाल में क्या हुआ होगा ?''

''शायद सुवोरिन उन्हें अपने साथ कहीं ले गए और फिर मुझसे मिलने की बात उनके दिमाग से एकदम उतर ही गई।''

''नहीं ! ऐसा नहीं हो सकता ! चेखव ? कभी नहीं। या तो होटल के उन मूर्ख कर्मचारियों की समझ का फेर है, या—कह नहीं सकता क्या हुआ। पर इसे यूँ ही तो नहीं छोड़ा जा सकता। हमें पता लगाना

होगा कि क्या बात हुई है।''

''पर कैसे ?''

''हम तुरन्त वहाँ जाते हैं। मैं अन्दर जाकर पूछताछ करूँगा। सम्भव है अब तक लौट आए हों।''

''लेकिन मैं—मैं उनसे नहीं मिलना चहती। अब तो किसी हाल में नहीं।''

''तुम चाहो तो मैं बात कर लूँ उनसे, क्या कहूँ ?''

''पता नहीं। मैं नहीं जानती। अभी तो कुछ नहीं। बेहतर होगा तुम उनसे न मिलो, न बात करो। सिर्फ़ पता लगाओ...''

''फिर भी, मेरा मन नहीं मानता कि चेखव ने जानबूझकर ऐसा किया होगा... या सुवोरिन ने। ज़रूर कोई मजबूरी होगी। चलो उठो, अब चलें।''

''और तुम्हारे मेहमान ?''

''मेरे न रहने से उन्हें कोई अन्तर नहीं पड़ता। नर्स है ही, उनके सत्कार के लिए।''

होटल वहाँ से खासी दूरी पर था; पर टैक्सी न लेकर हमने पूरा रास्ता पैदल ही तय किया। खुशनुमा वासन्ती दिन था और हवा में सुहाना सोंधापन। कुछ पहले ही पानी बरसा था और सड़क पर जड़े पत्थरों में से भी भीनी, सोंधी गमक उठ रही थी। बर्फ का नाम भी न था। बसन्त इस साल कुछ पहले ही आ गया था और नदी की बर्फ पिघलनी शुरू हो चुकी थी। हम चलते जाते और चेखव की बात करते जाते।

अलेक्सेई अकेला ही होटल के अन्दर गया और मिनटों में बाहर आ गया। मेरी बाँह पकड़कर वापस घर की ओर घुमा दिया।

''यहाँ तो नहीं लौटे,'' उसने कहा, ''लेकिन जब वे यहाँ पहुँचे तो अस्वस्थ थे। कल और जानकारी हासिल करने की कोशिश करूँगा।''

अगले दिन अलेक्सेई ने आकर बताया कि चेखव की बीमारी

ने काफी गम्भीर रूप ले लिया है और वे किसी प्राइवेट अस्पताल में भरती हैं।

25 को सुबह मुझे चेखव का सन्देश मिला :

मॉस्को, मार्च 1897

मेरे मुख्य क्रियाकलापों का ब्यौरा कुछ इस प्रकार है : शुक्रवार रात मुझे खाँसी उठी और मुँह से खून आने लगा। अगली सुबह मैं मॉस्को के लिए रवाना हो गया। भोजन के लिए शाम 6 बजे सुवोरिन के साथ 'हर्मिटेज' नाम के रेस्त्रां में गया। अभी बैठा ही था कि खून की अच्छी-खासी उल्टी हो गई। सुवोरिन मुझे लेकर स्लाव बाज़ार गया, डॉक्टर बुलाए गए, एक-दो दिन वहीं आराम फरमाया और अब घर यानी मॉस्को होटल लौट आया हूँ।

—तुम्हारा
ए. चेखव

सोमवार।

अलेक्सेई और मैं, मंगल की दोपहर लगभग तीन बजे अस्पताल पहुँचे। बाहर के कमरे में सफेद वर्दी में एक महिला मिली। मालूम नहीं नर्स थी या मेट्रन।

"ये मेरी बहन हैं," अलेक्सेई ने कहा, "इन्हें चेखव से मिलना है।"

महिला के मुख पर कुछ खौफ़, कुछ हैरत के भाव उभरे, बाँहें ऊपर उठाकर बोली :

"नहीं, नहीं ! यह मुमकिन नहीं। वे अभी बहुत ही कमज़ोर हैं। उनसे मिलने की इजाज़त सिर्फ़ मिसेज़ चेखव को है।"

"तो क्या हम डॉक्टर से बात कर सकते हैं ?"

"डॉक्टर से ? वे भी आपकी कोई मदद नहीं कर सकते, यही

बात वे भी कहेंगे।''

"फिर भी, हो सके तो मैं डॉक्टर से मिलना चाहूँगा।''

नर्स ने कन्धे उचकाए फिर कुछ सोचकर बाहर चली गई। आते ही डॉक्टर बोले, "चेखव साहब से मिलना तो नहीं हो पाएगा : मुझे खेद है पर मैं किसी को उनसे मिलने की इजाज़त नहीं दे सकता।''

इस पर मैंने कहा, "अगर यह बात है तो कृपया उन्हें इतना बता दें कि उनका सन्देश मुझ तक पहुँच गया था और... और मैं यहाँ तक आई भी थी, पर अनुमति न होने के कारण उनसे नहीं मिली।''

"आपको आज उनका सन्देश मिला ? पर वे तो परसों ही अस्वस्थ हो गए थे।'' मैंने चेखव का पत्र उन्हें दिखाया।

"यह पत्र उन्होंने कल लिखा था।''

डॉक्टर ने पत्र को दूर सरका दिया, भवें कुछ सिकुड़ीं।

"कृपया थोड़ी देर रुकें,'' उन्होंने कहा और तेज़ी से कमरे के बाहर चले गए।

"देखा ? डॉक्टर तुम्हें मिलने की इजाज़त दे देंगे।''

लौटकर डॉक्टर ने एक लम्बी निगाह मुझ पर डाली, सिर हिलाया और फिर हार मान जाने की मुद्रा में हाथ फैला दिए।

"समझ नहीं पा रहा क्या करूँ,'' वे बोले, "चेखव आपसे मिलने के लिए ज़ोर दे रहे हैं। रुकिए, रुकिए... आप क्या कुछ ही दिन के लिए मॉस्को आई हैं ?''

"हाँ।''

"और बीमार होने के बावजूद, इस खराब मौसम में वे आपसे मिलने मास्को आए हैं ?''

"सुवोरिन पहुँचे...'' मैंने शुरू किया।

"हाँ, हाँ ! ज़रूर !'' डॉक्टर के होठों पर अर्थभरी मुस्कान आई, "सुवोरिन से मिलने के लिए ही तो उन्होंने अपना जीवन दाँव पर लगा दिया। आपको मालूम नहीं मादाम, श्री चेखव साहब की हालत कितनी गम्भीर है। ज़रा सी उत्तेजना उनके लिए खतरा बन सकती है। अब

आप ही जानें आप क्या कर रही हैं। मैं किसी भी बात के लिए जिम्मेदार नहीं। मुझे अफ़सोस है, लेकिन सच्चाई यही है।''

मैं हताश हो गई

''तो मैं क्या करूँ ? क्या लौट जाऊँ ?''

''नहीं, अब तो आप नहीं लौट सकतीं। चेखव आपकी प्रतीक्षा में हैं और बहुत उत्तेजित हैं। हमारे हाथ में अब कुछ नहीं। चलिए, अब उनके पास चलना चाहिए।''

सीढ़ियाँ चढ़ते-चढ़ते डॉक्टर ने सावधान किया–

''ईश्वर के लिए उनसे बोलना मत...एक शब्द भी नहीं, वे चाहे जो भी कहते रहें। याद रखिए, अगर आप बोलेंगी तो हो सकता है फिर रक्तस्राव हो जाए और यह उनके लिए खतरनाक हो सकता है। मैं आपको तीन मिनट दे रहा हूँ। इससे अधिक नहीं। लीजिए हम पहुँच गए...'' फिर कुछ मुलायम स्वर में बोले, ''इतनी चिन्ता भी मत करिए। सब ठीक हो जाएगा... मैं तीन मिनट में लौटकर आता हूँ।''

चेखव कमरे में अकेले, पीठ के बल, द्वार की ओर मुँह किए लेटे थे।

''तुमने बहुत कृपा की...'' वे बिलकुल धीरे से बोले।

''आपको बोलना नहीं चाहिए,'' मैंने डरकर उन्हें टोका। ''अब तबीयत कैसी है ? दर्द तो नहीं है ?''

वे मुस्कुराए और पलंग के पास रखी कुर्सी पर बैठने का इशारा किया।

''तीन मिनट,'' मैंने कहा और मेज़ पर रखी उनकी घड़ी उठा ली। उन्होंने घड़ी हटा दी और मेरा हाथ अपने हाथ में ले लिया।

''अच्छा कहो, क्या तुम आतीं ?''

''आपके पास ? आई तो थी।''

''आई थीं ? क्या सचमुच ?''

''बात मत करिए, बोलना आपके लिए ठीक नहीं। और फिर इस बात की अब अहमियत ही क्या ?''

"किस बात की ?"

"यही कि मैं आई थी और..."

"अहमियत नहीं ?...अहमियत नहीं ?"

"इस वक्त सबसे अहम बात यह है कि आप जल्द से जल्द स्वस्थ हो जाएँ।" उनके माथे पर बल पड़े।

"तो इस बात की अहमियत नहीं है ?"

"अच्छा-अच्छा। इसकी चर्चा हम बाद में करेंगे, ठीक ?" वे मुस्कुराए, फिर आहिस्ता से बोले,

"बहुत कमज़ोर हो गया हूँ मैं।"

"क्या कहूँ ताकि आप मौन रहें ?"

"तुम आज वापस जा रही हो ?"

"नहीं, कल।"

"तो कल फिर आना मिलने, आओगी न ? तुम्हें आना ही होगा। मैं प्रतीक्षा करूँगा। बोलो आओगी न ?"

"हाँ, आऊँगी, ज़रूर आऊँगी।"

डॉक्टर कमरे के भीतर आए, मीठी मुस्कान के साथ चेखव की ओर मुड़े।

"बस एंटन पावलोविच। अब समय हो गया। खुद को थकाओ मत।"

"एक मिनट और। लीडिया अलेक्सेयिव्ना, एक बात कहनी है..."

डॉक्टर ने निषेध करते हुए तर्जनी उठाई और कागज़ का एक टुकड़ा और पेंसिल चेखव को थमा दिया। उन्होंने लिखा :

" 'रूसी विचार' के दफ़्तर जाकर गॉल्तसेव से मेरे प्रूफ लेती आना...और भी कुछ।' " इतना पढ़ चुकी तो कागज़ मेरे हाथ से लेकर लिखा :

"तुम्हें मेरा बहुत बहुत प्या...धन्यवाद।"

'प्या...' काटते समय वे मुस्कुरा रहे थे और उनसे विदा लेकर

मैं द्वार तक पहुँची कि अचानक चेखव ने पुकारा : ''लीडिया अलेक्सेयिव्ना, तुम यात्रा पर निकली किसी प्रसिद्ध अभिनेत्री के समान दिखती हो।''

''मेरी पोशाक जो ऐसी है,'' मैं हँसते-हँसते बोली, ''जलपाखी' ।'

डॉक्टर का धैर्य चुक गया। झुँझलाकर बोले, ''एंटन पावलोविच ! तुम खुद भी डॉक्टर हो। अगर कल तक तुम्हारा स्वास्थ्य न सुधरा तो मैं किसी को तुमसे मिलने की इजाज़त नहीं दूँगा। किसी को भी नहीं।''

मैं और अलेक्सेई पैदल घर लौटे। रास्ते भर गालों पर आँसुओं का बहना नहीं थमा। मैं लगातार उन्हें पोंछती जा रही थी। अलेक्सेई चिन्ता में डूबा बार-बार गहरी साँसें भर रहा था। ''मेरे लिए चिन्तित न हो अलेक्सेई,'' मैंने कहा, ''मेरा मन आज बहुत पुलकित है...बादल की तरह हल्का।''

ग्यारह

घर पहुँचे तो मिख़ाइल के दो तार रखे मिले। पहला : 27 तक ज़रूर पहुँचो विराम बहुत याद आती है। और दूसरा : तुरन्त आओ विराम प्रतीक्षा में विराम प्यार।

अगली सुबह एक तार और पहुँच गया : रवानगी का तार दो विराम कल तक ज़रूर पहुँचो।

गॉल्तसेव से मिलने और चेखव के लिए प्रूफ लेने मैं 'रूसी विचार' के दफ़्तर पहुँची। गॉल्तसेव तो चकित रह गए।

"इस समय वे प्रूफ क्यों माँग रहे हैं ? अभी तो बहुत समय है।"

गॉल्तसेव ने सुना कि मैं अस्पताल गई थी तो चेखव के स्वास्थ्य को लेकर प्रश्नों की बौछार ही कर दी, और कई दूसरे व्यक्तियों को

भी भीतर बुला लिया।

"सुनो, सुनो...चेखव अब कैसे हैं ?"

"बसन्त का आना ठीक नहीं उनकी सेहत के लिए," किसी ने आशंका व्यक्त की, "नदी पर जमी बर्फ में कल से दरारें पड़नी शुरू हो गईं। इस प्रकार के रोग के लिए यह मौसम सबसे खतरनाक है।"

"सुना है वे तो अब-तब की हालत में हैं," दूसरे ने कहा।

"तो, उनसे मिलने की अनुमति है ?"

"नहीं, नहीं," गॉल्तसेव बोले, "श्रीमती एविलोव उन तक हमारी शुभकामनाएँ पहुँचा देंगी। मेहरबानी करके उनसे यह भी कह दीजिएगा कि प्रूफ़ की अभी कोई जल्दी नहीं है। खुद को थकाने की कोई ज़रूरत नहीं।"

'रूसी विचार' के दफ़्तर से निकली तो मन चिन्ता से भारी था। चेखव को देखकर ही लगा था, जैसे वे मृत्यु के कगार पर हैं। यहाँ भी सब उन्हें लेकर आशंकित थे...नदी का जिक्र भी हुआ..."सबसे खतरनाक मौसम..." सबने जैसे उनके स्वस्थ होने की आशा छोड़ ही दी थी।

दो बजे से पहले अस्पताल में प्रवेश की अनुमति नहीं थी। अभी काफ़ी समय था...मैं नदी की तरफ़ मुड़ गई।

जैमॉस्क्वॉरेश्ये पुल की रेलिंग के सहारे टिककर मैं नदी का प्रवाह देखने लगी।

सतह पर तैरते बर्फ के टुकड़ों का आकार घुल-छीजकर छोटा हो गया था। नदी का पाट कभी तो पूरा बर्फ़ से ढक जाता और कभी एकदम ही खाली हो जाता। धूप निकली हुई थी, अजब चमक भरा नीला-नीला सा दिन था, पर मुझे वह अनिष्ट की आशंकाओं से घिरा प्रतीत होता था, पुल के नीचे बहते हलचल भरे अशान्त जल से भी मानो यही अनिष्ट झाँक रहा था। बर्फ के टुकड़े सतह पर बहते हुए सामने आते, गोल-गोल घूमते और फिर दूर ओझल हो जाते।

एकटक देखते-देखते मुझे यूँ महसूस हुआ जैसे नदी का बहाव

तेज़...और तेज़ होता जा रहा है, यहाँ तक कि मेरा सि चकराने लगा।

वहाँ दूर...नदी ने बर्फ़ को काटा, पानी के दबाव से उसके टुकड़े-टुकड़े कर दिए और अब साथ बहाए लिए जा रही है। जीवन-प्रवाह भी क्या इस नदी के समान नहीं ? हर किसी को काटता, तोड़ता, छीजता—फिर अपने साथ बहा ले जाता। "सबसे खतरनाक मौसम..." "चेखव की हालत खराब है ! बहुत खराब !"

मुझे चेखव की वह मुहर याद हो आई जो उन्होंने हाल ही में अपने पत्रों पर लगानी आरम्भ की थी। मोम का लाल वृत और उसमें छपे स्पष्ट शब्द : "अकेले के लिए संसार एक मरुस्थल है।"

"तीसवीं सालगिरह तक मैंने पूरी तरह निश्चिन्त जीवन जिया है।" कभी उन्होंने मुझे बताया था।

तीसवीं सालगिरह के बाद जीवन क्या उन पर इतना भारी पड़ने लगा कि वे टूटते-बिखरते चले गए। जीवन ! चेखव जैसा असाधारण व्यक्तित्व क्या कभी इस जीवन से पूरी तरह सन्तुष्ट रह सकता है ? क्या इसमें इतनी शक्ति है कि संसार में व्याप्त कटुता और द्वेष से उनकी अन्तरात्मा को अछूता रख सके ? उस निश्छल, पावन पुण्यात्मा को, जो स्वयं अपने से इतनी कठोर अपेक्षाएँ रखती है ?

यौवन का ज्वार उतरते ही, आह्लाद से छलकते उस दौर का अन्त होने के साथ जैसे ही उन्होंने अपने चारों ओर एक गहन गम्भीर दृष्टि डाली, खुद को एक रेगिस्तान में निपट अकेला पाया। आरम्भ में शायद यह भावना तीखी न रही हो पर समय के साथ-साथ उनका अकेलापन अधिक गहरा, निश्चित और ठोस होता चला गया। वर्ना वे अपने लिए ऐसी मुहर क्यों चुनते ? उन्हें शायद आभास ही न हो कि उनके सम्मुख शेष सभी कितने बौने हो जाते हैं ? उन जैसे क़द के ऊँचे व्यक्ति के लिए जीवन में सुख कहाँ ? कम से कम अभी तो नहीं।

तभी, जाने क्यों मुझे एक मज़ेदार-सी बात याद आई।

"तुमने मेरे पास बीस कूपक क्यों भेजे ?" चेखव ने एक बार

मुझसे पूछा।

"बीस कूपक ?"

"हाँ भई। तुमने लोपास्न्या स्टेशन (चेखव की मेलिखोवो इस्टेट के स्टेशन का नाम) के कुली को 20 कूपक नहीं दिए थे मुझ तक पहुँचाने के लिए ?"

"आप तक पहुँचाने के लिए मैंने उसे एक खत दिया था।"

"वह खत तो कुली ने इतना मैला कर दिया कि सिवा तुम्हारे हस्ताक्षर के और कुछ पढ़ा ही नहीं गया। बीस कूपक अलबत्ता बिलकुल साफ़ शीशे की तरह चमक रहे थे, सो उन्हें मैंने अपनी जेब के हवाले किया।"

जितनी बार "जेब के हवाले किया" याद आता बेसाख्ता हँसी आ जाती।

नदी अपने वेग से बहती रही...बहती रही।

नहीं ! चेखव मरेंगे नहीं !...यह सोचना भी पागलपन है, यह... बाँह के नीचे दबा पैकेट छूटकर गिरने ही वाला था। सिर झटककर मैं नदी के किनारे उतर आई। कुछ फूल खरीदे। चेखव ने 'और भी कुछ...' लाने के लिए लिखा था। वह 'कुछ' ये फूल ही सही।

ठीक समय पर मैं अस्पताल पहुँच गई, नर्स से बाहर ही भेंट हो गई।

"नहीं, चेखव साहब की हालत बेहतर नहीं है," मेरे सवाल के जवाब में नर्स ने कहा, "रात भर शायद ही पलक झपकी हो, मुँह से खून भी ज़्यादा आ रहा है।"

"तो क्या मैं उनसे नहीं मिल सकती ?"

"डॉक्टर का कहना है कि आपको उनसे मिलने दिया जाए," नर्स की नाराज़गी आँखों से साफ़ झलक रही थी। मैंने फूलों पर लिपटा कागज़ हटाया।

"हे ईश्वर," नर्स चिल्ला उठी, "ये क्या कर रही हैं ? आपको ज़रा भी समझ नहीं है कि तपेदिक के मरीज़ के कमरे में फूलों की

गन्ध..."

भय से मैं सिहर उठी।

"ऐसा है तो आप इन्हें हटा दीजिए। दूर कर दीजिए।"

"अब आप ले ही आई हैं तो उन्हें दे दीजिए," कुछ मुस्कुराकर नर्स ने कहा, "बाद में हम कमरे से हटा देंगे।"

कमरे में फिर उन्होंने उसी कोमल, भरपूर नज़र ने मेरा स्वागत किया। फूलों का गुच्छा दोनों हाथों में थामकर चेखव ने अपना चेहरा उसमें छुपा लिया।

"मेरे मनपसन्द फूल," उनकी आवाज़ महज़ एक फुसफुसाहट थी, "गुलाब और लिली... कितने खूबसूरत हैं ये।"

"पर आप इन्हें अपने कमरे में रख नहीं सकते," नर्स ने टोका, "डॉक्टर इजाज़त नहीं देंगे।"

"मैं भी डॉक्टर हूँ," चेखव बोले "इन फूलों को आप यहीं रहने दें और कृपया पानी में रख दें।"

मेरी ओर शिकायत भरी नज़रों से देखती हुई नर्स कमरे से बाहर निकल गई।

"देर कर दी आने में," क्षीण हाथों से मेरा हाथ दबाते हुए चेखव ने कहा।

"देर कहाँ की ?...दो बजे आने के लिए कहा गया था, अभी दो ही तो बजे हैं।"

"दो बजकर सात मिनट हो रहे हैं प्यारी मुन्नी। पूरे सात मिनट ! एक-एक पल गिन रहा हूँ मैं..."

मेरे लाए अखबार और किताबें उन्होंने उलट पलटकर देखीं, प्रूफ मेज़ पर रखे, गॉल्तसेव से मेरी मुलाकात का पूरा विवरण सुना। धीरे से बोले : "ये तो सब मैंने पढ़ डाले हैं।...तॉल्स्तॉय के अप्रकाशित लेख भी हैं ? हाँ, हाँ तब तो अवश्य पढूँगा, खुशी से पढूँगा। भले ही असहमत हूँ पर..."

"आपको बोलने की मनाही है," मैंने उन्हें रोका, "और आप

तो लगता है जैसे तॉल्स्तॉय के दर्शन पर पूरा व्याख्यान ही देने जा रहे हैं।''

''तुम वापस कब जा रही हो ?''

''आज ही।''

''नहीं, आज कैसे ? एक दिन तो और ठहरो। कल फिर मुझसे मिलने आना। मेरी इतनी-सी बात तो रख लो।''

मिख़ाइल के तीनों तार निकालकर मैंने उन्हें दिखा दिए। काफ़ी देर तक गौर से उन्हें देखने के बाद वे बोले, ''मेरे ख़याल से एक दिन और रुकने से कोई हर्ज़ नहीं होगा।''

''असल में इस 'तुरन्त पहुँचो' ने मुझे थोड़ा चिन्तित कर दिया है। बस यही मना रही हूँ कि बच्चे ठीक-ठाक हों।''

''मुझे पूरा विश्वास है कि वे सब सकुशल हैं। मेरी ख़ातिर बस एक दिन और रुक जाओ। मेरी खातिर...'' उन्होंने दुबारा कहा।

''मुझे बहुत दुख है, पर मैं रुक नहीं सकूँगी।'' दुखी मन से मैं बोली।

रुक गई तो क्या होगा ? मन ही मन मैंने कल्पना की। तार तो भेजना ही होगा कि मुझे रुकना पड़ रहा है—बस फिर मिख़ाइल तुरन्त मॉस्को के लिए चल पड़ेंगे। नहीं भी चले...और मेरे पहुँचने की प्रतीक्षा की, तो भी वहाँ पहुँचने पर वे मुझसे कैसे पेश आएँगे ? उनके व्यवहार को अनदेखा कर भी दिया तो भी उनके साथ अगर झगड़ा हुआ तो मुझे चेखव से अपने प्यार की बात उनसे कहनी पड़ेगी, और तब मेरा जो रवैया होगा उससे हमारे सुखी विवाहित जीवन का वहीं अन्त हो जाएगा। उनका और मेरा, दोनों का जीवन नरक हो जाएगा। इतना सब कुछ किस लिए ? केवल तीन मिनट की एक और मुलाकात के लिए...

ये सारे विचार एक के बाद एक मेरे मस्तिष्क में आए और चले गए। ''तो तुम्हारा रुकना असम्भव है,'' चेखव ने फिर एक बार मेरा मन साफ़-साफ़ पढ़ लिया था। पढ़ लिया था और समझ लिया

था—मिख़ाइल की ईर्ष्या और मेरा भय, क्या-क्या कहा था उन्होंने ?

"मुझे विश्वास है वे सब सकुशल हैं।"

डॉक्टर भी आए। फूलों की ओर इशारा करते हुए चेखव ने ज़रा ज़ोर देकर कहा, "इनसे मुझे कोई नुकसान नहीं पहुँचेगा।"

डॉक्टर ने झुककर फूलों को सूँघा और कुछ खोए-खोए से बोले, "हमारा मरीज़ तो बहुत परेशान कर रहा है, सोता नहीं है, बेचैन रहता है," फिर ज़रा हँसकर बोले, "बहुत जिद्दी है, जल्दी काबू में नहीं आता।"

यह समझना क्या मुश्किल था कि डॉक्टर को मेरा वहाँ चेखव से मिलने आना कतई पसन्द नहीं। मेरे मॉस्को से चले जाने से उन्हें राहत ही मिलती।

"क्या आप आज जा रही हैं ?" डॉक्टर ने जैसे मेरे विचारों को पढ़ लिया।

"आज रात को।"

"रात तक तुम यहीं हो तो..." चेखव ने बोलना शुरू तो किया, लेकिन फिर डॉक्टर की ओर देखकर बात अधूरी छोड़ दी।

"तुम्हें पूरा आराम चाहिए, पूरा आराम," डॉक्टर ने दोहराया। विदा लेने का समय आ गया था। अपनी धुन में मैं इतनी खोई थी कि जान ही न सकी क्या कर रही हूँ। बेखयाली में उनके पलंग पर रखे कागज़ और किताबें उठाईं और बाँधने लगी।

एकाएक मुड़ी तो पाया, दोनों हाथों से फूलों की ओट लिए चेखव मुस्करा रहे हैं। किसी तरह मैंने खुद को सँभाला और हँस पड़ी। किताबों का पार्सल फिर पलंग पर रख दिया।

"ठीक हो जाइए जल्दी से !" कंबल पर पड़े चेखव के निर्जीव से हाथ को दबाते हुए मैं बोली।

"तुम्हारी यात्रा सुखद हो।"

तेज़ी से मैंने द्वार की ओर कदम बढ़ाए परन्तु पिछले दिन की भाँति उन्होंने पीछे से पुकारकर कहा :

"अप्रैल के अन्त में मैं पीटर्सबर्ग आऊँगा, नहीं तो मई के आरम्भ में अवश्य ही।"

"ज़रूर, ज़रूर !" डॉक्टर बोले।

"मुझे जाना ही है।" चेखव आवेश में आकर चिल्लाए।

"ज़रूर, ज़रूर।"

"मैं मज़ाक नहीं कर रहा !" अप्रैल के अन्त तक... निश्चित तौर पर मैं वहाँ पहुँच जाऊँगा।"

"तब तक हम एक-दूसरे को खत लिखेंगे," कहते-कहते देखा, डॉक्टर के मुख का भाव कठोर हो आया था। मैंने और देर नहीं की और कमरे के बाहर हो गई।

आज मन पुलकित नहीं था। कितने प्यार, कितनी मनुहार के साथ चेखव ने मुझसे रुकने के लिए कहा। और मैं थी कि उनकी बात ठुकरा दी... एक दिन भी नहीं रुकी।

खुद को कभी गलत, कभी सही ठहराती हुई भारी मन के साथ घर जा रही थी। सहसा देखा, सामने तॉल्स्तॉय खड़े हैं। वे अक्सर दीविची चौक में टहलने आया करते थे। मुझे पहचाना तो रुक गए।

"किधर से चली आ रही हो ? क्या किसी आश्रम से ?"

"नहीं, अस्पताल गई थी।"

और मैंने उन्हें चेखव की बीमारी के बारे में बताया।

"हाँ। सुना था कि चेखव अस्वस्थ है, पर मैं सोचता था कि किसी को मिलने की अनुमति नहीं होगी। कल ही जाता हूँ उसे देखने।"

"अवश्य जाइएगा लेव निकोलयोविच। आपको देखकर वे बहुत प्रसन्न हो जाएँगें। बहुत प्यार करते हैं आपसे।"

"प्यार तो उससे मैं भी कम नहीं करता... बस यही नहीं समझ पाता कि वह नाटक क्या सोचकर लिखने लगा है।"

मेरे मन में चल रहे तूफान की अगर इन्हें भनक भी मिल जाए तो बिना किसी लाग-लपेट के खूब खरी-खोटी सुनाएँगे, मैंने मन में सोचा।

इस समय किसी ऐसे व्यक्ति से मिलने की तीव्र इच्छा हो रही थी जो मेरे प्रति कठोर या उदासीन न हो, जो मेरी पीड़ा समझे...उसे बाँट ले। मेरे मन में एक ही नाम आया...मेरा भाई...अलेक्सेई, और मैं सीधे उसी के पास गई।

बारह

रेल के डिब्बे में गुजरी वह रात आँखों में ही कट गई, मन और मस्तिष्क की खींचतान में मैं बुरी तरह उलझी थी। सारी रात तरह-तरह की चिन्ताओं से जूझती रही। पौ फटने को थी जब अचानक मैंने खुद को सागर-तट पर पाया। घुमड़ते, स्याह आसमान के नीचे ठाठें मारता स्याह समुद्र। एक के बाद एक फेन उगलती लहरें हहराती हुई आतीं और गरजती हुई मेरे पैरों पर टूटकर बिखर जातीं। बगल में चलते चेखव मुझसे कुछ कह रहे थे, परन्तु शब्द उनके मुँह से बाहर आते और लहरों के शोर में डूब जाते। सहसा कुछ दूरी पर सफ़ेद रंग का कुछ हिलता-सा दिखाई दिया।

धीरे-धीरे वह पास आता गया। देखा, एक नन्हा-सा बालक है।

दो-तीन वर्ष की आयु का वह बालक उछलता-कूदता, किलकारी मारता हमारी ओर दौड़ा चला आ रहा था।

"देखो, देखो, इत्ता-सा बच्चा," मैं चिल्लाई, "यह नन्हा-मुन्ना यहाँ कैसे पहुँच गया ? कितना हँसमुख, प्यारा बच्चा है।" चेखव चौंककर वहीं खड़े हो गए।

"यह बच्चा नहीं है !" चेखव की आवाज़ जैसे किसी बन्द कुएँ से निकली, "नहीं, नहीं ! यह बच्चा नहीं है। मैं जानता हूँ। यह बच्चा होने का ढोंग कर रहा है।"

"कौन ?" मैंने पूछा। दहशत से मेरे पाँव जैसे वहीं जम गए।

"यह कैसा बच्चा है ?" चेखव मानो मुझे उस बालक से छुपाने और बचाने के लिए ही सामने आड़ बनकर खड़े हो गए, "देखो, देखो, इसके ओठों पर खून है ! पूरा मुँह खून से सना है।" बच्चा काफ़ी करीब पहुँच चुका था और अब भी अपने नन्हे-नन्हे हाथ हिलाता, शोर मचाता भागा चला आ रहा था।

"चलो, इसे समुद्र में फेंक दें !" चेखव ज़ोर से चिल्लाए, "समुद्र में ! समुद्र में ! समुद्र में ! पर मुझसे नहीं होगा। नहीं होगा। नहीं...?"

खौफ़ से थर-थर काँपती मैं चौंककर जाग उठी, लम्बी, तेज़ सीटी बजाती रेलगाड़ी धड़धड़ाती हुई किसी पुल पर से गुज़र रही थी। भोर नहीं हुई थी। मैं कितनी देर सोई रही ? बस एक मिनट। इससे ज़्यादा नहीं।

अभी खिड़की पर ही खड़ी थी कि मिख़ाइल की नज़र मुझ पर पड़ी। कुली को लेकर वह भीतर आए और मेरे सामान की ओर इशारा किया, सहारा देकर मुझे नीचे उतारा। मैंने बस इतना ही पूछा : "बच्चे कैसे हैं ?"

"अच्छी तरह। सब ठीक-ठाक है।"

बैठक में बच्चों से गले मिल रही थीं कि मिख़ाइल की गर्जना सुनाई दी। इस बार नौकरानी की भूल से कोई वस्तु गलत स्थान पर

पड़ी रह गई थी और इसी पर उनका पारा चढ़ गया था।

"आओ डार्लिंग, अपने घर में तुम्हारा स्वागत है। यात्रा कैसी रही ?"

"यात्रा तो ठीक ही थी। घर पहुँचकर मन कड़वा हो गया।"

"ओहो, ठीक है, ठीक है !" मिख़ाइल ने हाथ हिलाकर मेरी बात को हवा में उड़ा दिया। "छोड़ो भी उसे। चलो, कॉफ़ी पीते हैं, गर्मागर्म भाप निकलती काफ़ी। बच्चो, अपनी माँ को भीतर तो ले आओ।"

ज़िन्दगी उसी पुराने ढर्रे पर चल निकली। फिर वही घरेलू चिन्ताएँ, बच्चों के स्वास्थ्य को लेकर निरन्तर बनी रहनेवाली फ़िक्र, फिर वही मिख़ाइल की तुनकमिजाजी और मीनमेख निकालने की पुरानी आदत, पहले कलह...फिर सुलह। वही झंझट, झमेला...मेहमान... थिएटर...

चेखव का पत्र 29 को मिला।

मॉस्को, मार्च 28, 1897

"तुम्हारे फूल मुरझाने की जगह और निखरते जाते हैं। मेरे डॉक्टर साथियों ने उन्हें मेज़ पर रखने की इजाज़त दे दी है। तुम कितनी भली, कितनी अच्छी हो। समझ नहीं पाता कैसे तुम्हारा शुक्रिया अदा करूँ। ईस्टर के पहले तो मुझे यहाँ से हिलने नहीं देंगे। यानी निकट भविष्य में तो पीटर्सबर्ग आने की सम्भावना नहीं है। मेरी तबीयत पहले से बेहतर है और खून भी कम आ रहा है। पर अभी बिस्तर पर ही पड़ा रहता हूँ और यह खत भी लेटे-लेटे ही लिख रहा हूँ। उम्मीद है तुम सकुशल होगी, विदा।"

—तुम्हारा चेखव

मेरे फूल...

मॉस्को में बीते दिन अभी से स्वप्न जैसे लगते थे...यथार्थ से परे। कहीं सब मेरी कल्पना ही तो नहीं थी। चेखव का छोटा-सा

कमरा...वहाँ तक जाने वाली सीढ़ियाँ, कमरे में लगा पलंग, मेज़-कुर्सी, तकिए पर रखा उनका सुन्दर सलोना चेहरा और उस चेहरे में कशिश-भरी गहरी काली दो आँखें।

चेखव इस समय भी उसी कमरे में, उसी पलंग पर लेटे हैं—सिरहाने रखी मेज़ पर मेरे दिए फूल सजे हैं। किन्तु उन्हें अब मेरी प्रतीक्षा नहीं है। मैंने उनका अनुरोध ठुकरा जो दिया। एक दिन भी और न रुक सकी। परन्तु अब वे मुझे पूरी तरह समझ चुके थे और इस वक्त भी एक विवश, उदास मुस्कान उनके होंठों पर खेल रही थी। मुझे फिर याद आया--"अकेले के लिए संसार एक मरुस्थल है।"

"तुम्हारी यात्रा सुखद हो।" विदा लेते समय चेखव ने कहा था।

ओह ! मॉस्को से चले आने के बाद मेरी तो दुनिया ही बदल गई ! कैसे अचानक चेखव से मीलों दूर चली आई, कैसे धीरे-धीरे अनजाने ही अपने प्रति घृणा से भरती चली गई। अब तो चेखव को खत लिख पाना भी जैसे मेरे लिए सम्भव नहीं रहा।

चेखव की एक कहानी मेरे दिमाग से नहीं उतरती। उसका शीर्षक शायद 'छोटी सी चुहल' था।

सर्दी की एक शाम। तेज ठंडी हवा, बर्फ से ढँकी पहाड़ी। एक युवक और युवती पहाड़ी की चोटी से बर्फ पर फिसल रहे हैं। जितनी बार वे तेजी से फिसलते हुए नीचे उतरते, हवा सनसनाती हुई उनके कानों में सीटी-सी बजाती और युवती को सुनाई देता, "नाद्या, मुझे तुमसे प्यार है !"

किन्तु यह शायद उसकी कल्पना ही है।

दुबारा चढ़कर वे चोटी पर पहुँचे, स्लेड पर बैठ, दुबारा फिसले, तेज़ी से...नीचे...और नीचे, सनसनाती हवा में फिर शब्द गूँजे, "नाद्या, मुझे तुमसे प्यार है।"

यह किसने कहा ? हवा ने ? या पीछे आते युवक ने ? रुकते ही सब सामान्य हो गया, साथी का चेहरा सपाट भावहीन बना रहा।

मॉस्को में, बल्कि शायद पहले भी, ऐसी ही किसी पहाड़ी की

चोटी से मैं भी फिसल रही थी। कितनी ही बार मेरे कानों में भी वही शब्द गूँजते, "मुझे तुमसे प्यार है।" पर थोड़ी ही देर में सब ज्यों-का-त्यों हो जाता...सपाट और भावहीन। चेखव के पत्र फिर ठंडे और बेगाने हो जाते।

बसन्त में चेखव पीटर्सबर्ग नहीं आए। शरद आने पर डॉक्टरों ने उन्हें नाइस भेज दिया। वहीं से उनका पत्र मिला : "सर्दी भर शायद देश से बाहर ही रहना पड़े," और आगे लिखा, "मेरी तबीयत सुबह थोड़ी-बहुत और शाम को काफी कुछ ठीक रहती है।" यह पत्र अक्तूबर में लिखा गया था। नवम्बर के आरम्भ में उन्होंने लिखा, "मौसम जब तक अच्छा था सब ठीक था, अब जबकि बारिश शुरू हो गई है और मौसम ख़राब चल रहा है मेरे गले में फिर खरखराहट हो रही है और खून आना भी शुरू हो गया है। क्या मुसीबत है !"

जब मैंने अपनी कुछ प्रकाशित कहानियाँ पढ़ने के लिए उनके पास भिजवाईं तो उन्होंने ब्यौरेवार समीक्षा लिख भेजी।

'लीडिया अलेक्सेयिव्ना, तुम्हारी कहानी 'भूले बिसरे पत्र' पढ़कर आनन्द आ गया। कितनी सुन्दर, चुस्त कहानी है, बिलकुल गठी हुई। तुम्हारे भीतर इतना रचना कौशल और प्रतिभा है, हमेशा इसी शैली में क्यों नहीं लिखतीं ? पत्रों के माध्यम से कथा-लेखन यूँ तो मेरी दृष्टि में बहुत नीरस और बेकार-सी विधा है, और बहुत सरल भी। मगर इस कहानी की संवेदना की तीव्रता, सुगठित वाक्य-विन्यास और विशिष्ट स्वर ने मुझे बहुत प्रभावित किया है। गॉल्तसेव ने गलत नहीं कहा था कि तुम्हारे भीतर प्रतिभा है, अब तुम न मानो तो यह तुम्हारी भूल है। हकीकत में तुम बहुत आलसी हो और काम को बहुत कम समय देती हो। आलसी तो मैं भी कम नहीं, पर तुम्हारी तुलना में तो मैंने लिख-लिखकर ढेर कर दिया है...'भूले बिसरे पत्र' को अगर अलग कर दें तो शेष सारी कहानियों में तुम्हारी अनुभवहीनता, आत्मविश्वास की कमी और आलस्य झाँक रहे हैं। अभी तुम सिद्धहस्त नहीं हुई हो और किसी नौसिखिए की तरह लिखती हो। प्रकृति तुम्हारी संवेदना

को छूती है और तुम उसका चित्र भी अच्छा खींच लेती हो, पर शब्दों की किफ़ायत करना नहीं जानतीं। वही चित्र जहाँ-तहाँ सामने आ खड़ा होता है। एक कहानी में तो ये वर्णन शुरू होते हैं तो लगभग आधी कहानी तक चलते ही जाते हैं और कहानी उन्हीं में कहीं गुम होकर रह जाती है। इतना ही नहीं, तुम अपने वाक्य-विन्यास पर भी परिश्रम नहीं करतीं, जबकि प्रत्येक वाक्य बहुत ही बारीकी से गढ़ना होता है—यही तो कला साधना है। एक शब्द भी फालतू न रहे...वाक्य की लय भी न बिगड़े। अनगढ़, फूहड़ शब्दों का प्रयोग हरगिज़ न करो...तुम जैसी संवेदनशील, संगीतप्रेमी स्त्री के लिए तो ऐसे शब्दों की पहचान कठिन नहीं, इतना तो 'भूले बिसरे पत्र' ने साबित कर ही दिया है...पर मेरी आलोचना को तुम बहुत ज़्यादा गम्भीरता से न लो और मेरे लिए अपनी कुछ और रचनाएँ भेज दो।'

ज़रूर मेरी ही योग्यता में कोई कसर रही होगी, तभी तो चेखव की इस सलाह का मोल मैं बाद में समझी। अब अपने लिखे को 'सुनने' की आवश्यकता महसूस की तो जाना कि समय पर सूझ जाने से या अभिप्राय को व्यक्त कर देने से ही कोई शब्द सही नहीं हो जाता। चेखव की आलोचना ने ही मेरे भीतर यह बोध जगाया। उन्होंने सदा मेरे लेखन को सही दिशा देने का प्रयास किया, इस पर भी मैं कुछ विशेष न कर सकी तो यह मेरी अपनी कमी थी।

मेरी इस सीमा को चेखव ने भी जान लिया था। मुझे लगता, जैसे मेरे प्रति उनका व्यवहार कुछ बदल-सा गया है। उन्हें पत्र लिखते समय मैं महसूस करती जैसे स्वयं को जबरन उन पर थोप रही हूँ। पर मैं अपने-से लाचार थी। उनसे पत्र-व्यवहार रोकना ठीक उसी प्रकार मेरे बस में नहीं था, जैसे स्वयं अपने जीवन का अन्त कर देना।

गर्मियों में चेखव रूस लौट आए। उनका खत मुझे अप्रैल के अन्त में मिला :

मिलनेवालों का ऐसा ताँता लगा है कि तुम्हारे पत्र का उत्तर देने का वक्त ही नहीं मिला। तुम्हें बहुत लम्बा पत्र लिखना चाहता हूँ, पर

इस भय से कि बीच में ही कोई-न-कोई अवश्य आ-धमकेगा, लिखने नहीं बैठा...और यही हुआ। अभी-अभी एक लड़की ने आकर बताया एक मरीज़ आकर बैठा मेरी प्रतीक्षा कर रहा है। जाऊँ...उसे देखूँ।

धन की समस्या का सन्तोषजनक हल निकल आया है। अपनी कहानियाँ मैंने दस साल के लिए सोवरिन को सौंप दी हैं। 'रूसी विचार' से हज़ार रूबल मिलने की उम्मीद बँधी है। उन्होंने मेरा पारिश्रमिक भी 250 से बढ़ाकर 300 कर दिया है।

लिखने से तंग आ चुका हूँ, पर फिर और करूँ भी क्या ? कभी सोचता हूँ मरीजों का इलाज करना शुरू कर दूँ, या कोई नौकरी ढूँढ़ लूँ, पर शरीर में अब इतना बल नहीं है।

लिखते समय, बल्कि लिखने के विचार मात्र से मुझे अब उबकाई सी आने लगती है—जैसे विवशता में तिलचट्टा-पड़ा सूप पीना पड़ रहा हो। माफ़ करना पर मुझे यही तुलना सही लगी। वैसे मुझे लिखने से नहीं, उन अनचाहे व्यक्तियों के जमावड़े से वितृष्णा होती है जो लेखक के आसपास जुट आते हैं और रात-दिन ऐसे घेरे रहते हैं जैसे पृथ्वी के चारों ओर वायुमंडल।

मौसम बहुत लुभावना है पर मन करता है कहीं निकल जाऊँ। 'रूसी विचार' के अगस्त अंक के लिए रचना भेजनी है जो पूरी तो कर ली है पर अभी संशोधन करना बाकी है...तुम खुश रहो, स्वस्थ रहो। चूहे की पूँछ जितनी भी जगह नहीं बची, सो आज हस्ताक्षर बिना पूँछ के ही।

—तुम्हारा
चेखव।

चेखव के पत्रों में छिपे संकेत पढ़ने की मैं आदी हो चुकी थी। मुझे लगता जैसे वे मेरा ध्यान जान-बूझकर 'रूसी विचार' के अगस्त अंक की ओर खींच रहे हैं। ऐसा क्यों लगा कह पाना मुश्किल है। पर मैं बेताबी से अगले अंक की प्रतीक्षा करने लगी और पत्रिका बाजार में

आते ही एक प्रति खरीद ली। जबकि आम तौर पर पुस्तकालय से लेकर पढ़ लिया करती थी।

चेखव की कहानी का शीर्षक 'प्यार की बात' पढ़ते ही सर्वांग सिहर उठा। पत्रिका हाथों में थामे, तरह-तरह की अटकलें लगाते मैं लगभग दौड़ते हुए घर पहुँची। मुझे विश्वास था कि प्यार की बात मेरी ही बात है। उन्होंने क्या लिखा होगा ?

"शायद कुछ ही देर में अपने व्यक्तित्व का विशद साहित्यिक विश्लेषण पढ़ने को मिले," मैंने सोचा, "मैं हूँ ही इसी योग्य।"

मिख़ाइल की स्टडी में बैठकर पन्ने काटे और पढ़ना शुरू कर दिया।

रसोइए और नौकरानी के प्रेम की कहानी। "वह उससे विवाह न करके 'यूँ ही' साथ रहना चाहती है," परन्तु "वह क्योंकि धर्म-कर्म मानता है 'यूँ ही' साथ नहीं रहना चाहता।" यह क्या है ? मैंने यह तो नहीं सोचा था। फिर आगे पढ़ा...

अल्योखिन को लुगानोविच घर आने का न्यौता देता है, जहाँ उसकी पत्नी एना अलेक्सेयिव्ना एक छोटे से शिशु की माँ है। अल्योखिन पर वह गहरी छाप छोड़ती है। "एना अलेक्सेयिव्ना लुगानोविच..." मैंने भी चेखव से अपनी पहली मुलाकात के कुछ पहले ही बेटे को जन्म दिया था। मुझे चेखव के शब्द याद आए :

"जब हम पहले मिले तो क्या तुम्हें ऐसा नहीं लगा कि हमारी जान-पहचान पुरानी है और हमने एक लम्बे विछोह के बाद एक-दूसरे को पाया है।"

वार्षिक समारोह की दावत में चेखव ने मुझसे यही तो कहा था। दम साधे मैं पढ़ती गई।

...मेरे पास इतनी फुर्सत कहाँ थी कि उस शहर की बात सोचता, लेकिन उस लम्बी, गौरवर्ण युवती की स्मृति सदा मेरे साथ रहती। उसके विषय में मैं सोचता नहीं था, वह छवि तो हौले से मेरे अन्तस पर छा गई थी।

अगले पृष्ठ पर दूसरी मुलाकात के बाद अल्योखिन कहता है, "मैं बहुत दुखी था घर में, खेत में, खलिहान में...बस उसी की याद में खोया रहता।"

आँसू गालों से बहकर पन्ने पर टपकने लगे। पढ़ने में बाधा न हो, इसलिए मैं झट से उन्हें पोंछ डालती।

"घंटों हम बतियाते, या मौन बैठे रहते, पर एक-दूसरे के प्रति अपना प्यार कभी जताया नहीं, उसे तो बहुत जतन से अपने-अपने दिल में सँजो रखा था। हर समय हम चौकन्ने रहते। अपना भेद खुद पर ही न खुल जाए इसी बात को लेकर...मेरा प्यार बहुत सच्चा और गहरा था। पर मन में निरन्तर द्वन्द्व चलता रहता। कहीं अपने प्यार के आगे हम हार बैठे तो? मेरा यह उत्कट, वेदनामय प्यार उसकी भरी-पूरी गृहस्थी उजाड़ तो नहीं देगा?...क्या यह ठीक होगा?...कहीं मैं बीमार पड़ गया या अचानक चल बसा तो? क्या होगा उसका?

"उसके भीतर भी शायद यही द्वन्द्व था। वह भी सोचती थी अपने पति की...बच्चों की...हँसते-खेलते परिवार की बात।"

सिसकियाँ लेना छोड़ अब मैं फूट-फूटकर रो रही थी। तो...वे मुझे दोषी नहीं मानते...बल्कि मेरी पैरवी कर रहे हैं, मेरी पीड़ा और द्वन्द्व से वे अनभिज्ञ नहीं। मेरा दुःख उनका दुःख है।

"...मुझे लगता वह हरदम मेरे आसपास है...कि वह मेरी अपनी है, कि एक-दूसरे के बिना हम जी नहीं सकते।

"अन्तिम कुछ वर्षों में एना अलेक्सेयिव्ना का रुख बदला-बदला सा था...मेरे प्रति उसका रवैया अजब चिड़चिड़ा-सा रहता, मैं जो भी कहता वह ज़रूर ही काटती। कभी मेरे हाथ से कुछ छूट जाता तो बेरुखी से कहती, आपसे यही आशा थी।"

मुझे याद आया...एक बार जब उनसे अपना टोप कीचड़ में गिर गया था मैंने शब्दशः यही बात उनसे कही थी। वे शायद हमेशा की तरह अपने बाल पीछे हटाना चाहते थे, पर हाथ भूल से टोप के ऊपर चला गया।

अल्योखिन और एना रेलगाड़ी के डिब्बे में सदा के लिए विदा लेते हैं। एना वहाँ से दूर जा रही थी।

"रेल कम्पार्टमेंट के एकान्त में जब निगाहें मिलीं, इतने दिनों में मन पर लगा बाँध भहराकर टूट गया और मैंने उसे बाँहों में समेट लिया..वह भी मुझसे लिपटी खड़ी रही, अपना मुँह उसने मेरे सीने में छिपा लिया। आँखों से आँसुओं की धार बह निकली, उस क्षण बोध हुआ कि जब हम प्यार करते हैं तो अन्तःकरण में सामान्य सुख-दुःख, पाप-पुण्य से परे किसी उच्चतर, महत्तर भाव को पाने की आकांक्षा रहती है। काश व्यक्ति हर प्रकार की आकांक्षा से ऊपर उठ पाता.. ।"

मैंने कहानी पढ़ना खत्म किया और पत्रिका के ऊपर सिर टिका दिया।

यह उच्चतर भाव क्या है, मैं नहीं समझ पाई। सुख-दुःख, पाप-पुण्य से महत्तर क्या है यह भी नहीं जानती थी। मैं केवल एक बात जानती, समझती थी और वह यह कि जीवन ने मुझे ऐसे पाश में जकड़ लिया था जिससे मुक्ति असम्भव थी। चेखव के साथ सुखी हो पाने में यदि मेरा परिवार बाधक था तो परिवार के साथ हँसी-खुशी जीवन बिताना भी तो चेखव के कारण सम्भव नहीं था। मैं दो टुकड़ों में बँटी हुई थी।

इन शब्दों से उनका क्या तात्पर्य था : "हमारे प्यार में आड़े आनेवाला सब कुछ कितना अर्थहीन, अनावश्यक और अवास्तविक था।"

पन्ना अपनी ओर खींच मैंने चेखव को खत लिखा, जरा भी आगा-पीछा सोचे बिना...कहीं इरादा बदल न जाए इसलिए तुरन्त जाकर डाक में भी डाल आई। लौटते समय पछताती आई—क्यों लिखीं इतनी कठोर बातें ?

पत्र का उत्तर आने में विलम्ब नहीं हुआ।

20 अगस्त, मेलिंखोवो

क्रीमिया जाने की तैयारी में हूँ, वहाँ से फिर काकेशस। सर्दी बढ़ जाने पर शायद कहीं बाहर चला जाऊँ। यानी पीटर्सबर्ग तो नहीं आ सकूँगा : बाहर जाने का विचार ही मुझे इतना दुखी और निराश कर देता है कि मन काम से एकबारगी उखड़ जाता है। सोचता हूँ जाड़े-भर अगर मुझे मॉस्को या पीटर्सबर्ग के किसी गर्म, आरामदेह फ्लैट में रहने को मिले तो ज़रूर चंगा हो जाऊँगा और फिर इस तत्परता से काम में जुटूँगा कि शैतान भी (मुहावरे के इस्तेमाल की माफी चाहता हूँ हार मान लेगा।

खानाबदोशों की तरह इधर-से-उधर घूमने से, वह भी जाड़ों में–देश के बाहर जाड़ा बिताना बहुत भयावह अनुभव है–जीवन बिलकुल अस्त-व्यस्त हो गया है।

भँवरे के साथ न्याय नहीं किया तुमने। पहले तो वह सुन्दर रंग-बिरंगे फूलों की ओर आकर्षित होता है, रस की प्यास तो बाद में आती है।

शेष रही–तटस्थता, विरक्ति और प्रतिभाशाली व्यक्तियों के कल्पना में जीने और प्यार करने की बात–तो मैं बस इतना ही कहूँगा : किसी अन्य व्यक्ति की आत्मा अन्धे कुएँ-सी लगती है। हवा में बला की ठंडक है। ठंडक और नमी। तुम स्वस्थ और सानन्द रहो–यही दुआ देता हूँ। क्या मेरी हथेली की सहलन महसूस होती है ?

–तुम्हारा

चेखव

मुझे अपना पत्र याद हो आया।

अपनी कहानी की नायिका बनाने का सम्मान देने के लिए पहले तो मैंने उनके प्रति आभार प्रकट किया था, यद्यपि कहानी बहुत संक्षिप्त थी। और फिर...

अचानक आपके एक मित्रवर से भेंट हो गई। जिनके बारे में

उनकी पत्नी का कहना है कि तरह-तरह की नीच और घटिया हरकतें वे महज इसलिए करते हैं कि अपने उपन्यासों में उनका यथार्थ चित्रण कर सकें। बाद में ज़रूर पछतावे और दुःख से छाती पीटते हैं।

आपके तो हर कार्य में आपकी विशालता, महानता और उदारता के दर्शन होते है। पर हाय ! पछताते तो आप भी हैं। और कुछ बातें ऐसी भी थीं :

एक के बाद एक सैकड़ों लम्बी, छोटी कहानियाँ प्रकाशित करवाई जा सकें इसके लिए लेखक को क्या-क्या नहीं करना पड़ता। जैसे कोई भँवरा फूल-फूल पर मँडराकर मधु इकट्ठा करता है वैसे ही लेखक, जहाँ से सम्भव हो अपने लिए कथानक बटोरता चलता है...लिखने से बेतरह ऊब चुका है, उत्साह मन्द पड़ गया है परन्तु हाथ का कौशल कुन्द नहीं हुआ और वह नितान्त निरपेक्ष, निरुद्वेग मस्तिष्क से उन सारे भावों को शब्द देता चलता है, जिनसे उसकी अपनी आत्मा रीती हो चुकी होती है। आत्मा रही कहाँ ? उसे तो प्रतिभा ने कुचल डाला है और मस्तिष्क जितना निरुद्वेग, निरपेक्ष होगा, कहानी उतनी ही मार्मिक हृदयग्राही बनेगी, पाठक पढ़े और आँसू बहाए। यही तो कला का उद्देश्य है। है न ?

प्रत्युत्तर में न एक कटूक्ति, न एक व्यंग्य। उल्टे वे तो पीटर्सबर्ग में रहने की बात कर रहे हैं। पीटर्सबर्ग में ! जो उन्हें कभी नहीं सुहाया। बाहर भी वे बिलकुल अनिच्छा से जा रहे हैं। काश ! उन्होंने भर्त्सना का एक शब्द तो कहा होता, कुछ किया होता कि मैं अपने किए पर लज्जित होती। केवल एक बार उन्होंने लिखा था : "सच मानो, कठोरता तुम्हें शोभती नहीं।" जहाँ तक मुझे याद है बस यही एक उलाहना चेखव ने मुझे दिया था।

तेरह

बरस 1898 के आखिरी कुछ माह काफी परेशानी रही। तीनों बच्चों को काली खाँसी ने पकड़ लिया, नन्ही नीना को तो साथ में लाल ज्वर भी हो आया, वह ठीक हो पाती इसके पहले ही ल्योवा निमोनिया की पकड़ में आ गया।

जनवरी, 1899 में स्थिति कुछ सामान्य हुई और फरवरी आते-आते चेखव का खत आ पहुँचा।

5 फरवरी, याल्टा

प्रिय लीडिया अलेक्सेयिव्ना,

तुमसे एक बहुत ज़रूरी काम के लिए कहना पड़ रहा है। ज़रूरी

पर नीरस काम। नाराज न हो जाना। तुम्हारी निगाह में क्या कोई ऐसी महिला है जिसे 'पीटर्सबर्ग गजट' में कुछ साल पहले छपी मेरी कहानियों की प्रतिलिपि तैयार करने का काम सौंपा जा सके ? प्रयास करना कि गजट के दफ्तर से इसकी अनुमति मिल जाए, क्यों किसी सार्वजनिक पुस्तकालय में बैठकर कहानियाँ ढूँढ़ने और नकल तैयार करने में बहुत असुविधा होगी। यदि इस काम में कोई कठिनाई हो तो जाने दो, मैं तनिक भी बुरा नहीं मानूँगा। किन्तु अगर सम्भव है और तुम्हें ऐसा कोई व्यक्ति मिल जाता है तो लिख देना ताकि उन कहानियों की सूची मैं तुम्हें भेज दूँ जिनकी नकल तैयार करनी है। ठीक-ठीक तो मुझे भी नहीं मालूम, मैं तो यह भी भूल गया कि 'पीटर्सबर्ग गजट' में मेरी कहानियाँ किस वर्ष छपनी शुरू हुई थीं। तुम्हारा पत्र मिलने पर मैं पीटर्सबर्ग में एक ऐसे व्यक्ति से सम्पर्क करूँगा जो इस प्रकार की सूचनाएँ रखता है, वही तुम्हें सारी सही जानकारी दे देगा। मेरे कारण परेशानी या खीझ हुई हो तो शर्मिन्दा हूँ। पर काफी सोचने-विचारने के बाद पाया कि मैं किसी दूसरे पर निर्भर नहीं कर सकता। इन कहानियों की मुझे सख्त ज़रूरत है। क्योंकि करार के मुताबिक ये कहानियाँ मुझे प्रकाशक मार्क्स को देनी हैं और कम्बख्ती यह कि इसके पहले इन्हें—दुबारा पढ़कर काटना-छाँटना है। पुश्किन के शब्दों में कहा जाए तो : दोहराना है, जीवन को कुछ वितृष्णा के साथ।

और तुम्हारे क्या हाल हैं ? कोई समाचार ?

मेरा स्वास्थ्य पहले से काफी बेहतर लग रहा है, जाड़ों में एक बार रक्तस्राव हो गया था, पर अब खून भी नहीं आ रहा, न ही कोई दूसरा कष्ट है।

पत्र लिखने की इच्छा न भी हो तो भी कम-से-कम इतना लिख दो कि मुझसे नाराज नहीं हो।...याल्टा में मौसम तो बहुत सुहाना है पर यहाँ जीवन एकदम धीमा और ऊब से भरा है—बिलकुल श्क्लॉव के समान। मैं किसी ऐसे फ़ौजी अफसर की तरह हूँ जिसकी तैनाती

किसी दूरदराज देहात में कर दी गई है। जब कभी प्रार्थना करो, मुझ पापी को भी याद कर लेना।

—तुम्हारा
चेखव

पत्र पढ़कर, क्या बताऊँ कितनी प्रसन्नता हुई ! चेखव के काम आ सकूँ इससे बढ़कर खुशी क्या हो सकती है ? सारी व्यवस्था भी सहज ही हो गई, पीटर्सबर्ग गजट ने छमाही, जिल्द बँधी फाइलें भिजवा दीं, मिख़ाइल से दो अच्छी नकलनवीसों का पता मिल गया। सारी अड़चन यह थी कि 'गजट' में चेखव की कहानियाँ किस वर्ष से छपना शुरू हुईं यह किसी को भी याद नहीं था। वृद्ध बाइकोव को भी, जिनका काम ही इस प्रकार की सूचनाएँ रखना था, ये जानकारी नहीं थी।

हाँ, इस बीच मैंने चेखव को खत लिखकर काम शुरू करने की सूचना अवश्य भिजवा दी थी, उत्तर में उन्होंने लिखा :

"जिस तत्परता से तुम मेरी सहायता को आईं, इतना अच्छा सा, प्यारा खत लिखा, मैं तुम्हारा बहुत-बहुत आभारी हूँ।

सीधे-सीधे आडम्बरहीन पत्र अच्छे लगते हैं। तुमने लिखा है कि मैं जीने की कला में पारंगत प्रतीत होता हूँ। पर कहावत है कि चतुर गाय के सींग ईश्वर छोटे बनाता है। जब देशनिकाला ही मिला हुआ है तो यह कला जानी, न जानी—सब बराबर है। मेरी स्थिति रूसी कहावत के उस व्यक्ति के समान है जो मटर गली तो गया पर मटर न पाई। सदा स्वतन्त्र रहा, पर स्वतन्त्रता का अर्थ नहीं जाना। साहित्य का होते हुए सारा जीवन साहित्यकारों के संसर्ग से दूर रहना पड़ा।

अपनी सारी रचनाएँ मैंने 75,000 रूबल में बेच दी हैं, जिसमें से कुछ राशि तो मुझे मिल भी गई है, लेकिन इस स्थिति में जबकि पिछले पूरे पखवाड़े में घर से निकलने की बात तो दूर, बाहर झाँकने का साहस भी न कर सका, यह धन मेरे किस काम का ? और हाँ, तुम्हें यह भी बता दूँ कि अपना भूत, भविष्य, वर्तमान सब मैंने प्रकाशक

मार्क्स के हाथों बेच दिया है। अपने अस्त-व्यस्त जीवन को थोड़ा पटरी पर लाने के लिए मैंने ऐसा किया प्यारी मुन्नी। बदले में मेरे पास 50,000 (पूरी रकम तो दो साल बाद मिलेगी) बचे हैं, जिससे मुझे 2000 की वार्षिक आय होगी। मार्क्स के साथ करार से पहले अपनी पुस्तकों से मुझे लगभग 3500 सालाना आय थी और पिछले साल तो, शायद 'खेतिहर' (लम्बी कहानी) के कारण मेरी आमदनी 8000 पहुँच गई थी। तो ! अब तो मेरे पेशे के सारे राज तुम्हें मालूम हो गए। जो चाहे करना। बस भरपूर जीने की मेरी क्षमता से कभी ईर्ष्या न करना। हाँ, यह तो है कि अगर किसी तरह मांटे कार्लो पहुँच जाऊँ तो दाँव पर 2000 तो अवश्य ही हारूँगा। इस तरह पैसा उड़ाने की बात पहले क्या कभी मैं स्वप्न में भी सोच सकता था ? और कौन जानता है, शायद मैं जीत ही जाऊँ।

...मैं यहाँ याल्टा में क्या कर रहा हूँ ? क्यों यहाँ का जीवन इस कदर नीरस है ? बाहर बर्फानी तूफान है, खिड़की की फाँक से हवा सरसरा रही है, आतिशदान में कड़कड़ करती आग की लपटें हैं...मैं कुछ नहीं लिख रहा, लिखने का विचार ही मुझे वितृष्णा से भर देता है।''

अखबार की मोटी-मोटी फाइलें खोले मैं फर्श पर पसरी थी, पानी में अपनी उँगली भिगोती और पन्ने पर जमी धूल पोंछती जाती, इस तरह मैं हर अंक का हर पन्ना उलटकर रेखाचित्रों के नीचे अंकित हस्ताक्षरों की जाँच कर रही थी। चेखव को न तो गजट में छपी अपनी पहली कहानी का शीर्षक याद था और न ही छपने का वर्ष, इसलिए मुझे बहुत पहले से शुरुआत करनी पड़ी। कभी-कभार किसी कहानी के नीचे 'चे' हस्ताक्षर किए मिलते तो यह देखने के लिए कि वह चेखव ने लिखी है कि नहीं मैं उस कहानी को पूरा पढ़ती।

चेखव से पूछा, ''क्या आपने कभी 'चे' नाम से भी कहानियाँ लिखी थीं ?'' जवाब मिला, ''मुन्नी याद नही है।''

सिरगेयी को भी इसकी जानकारी नहीं थी, परन्तु 'चे' नाम से

लिखी गई कहानियाँ इतनी गई गुजरी थीं कि मैंने उनकी तरफ ध्यान न देने का फैसला किया। दो साल की फाइलें मैं ऐसे ही देख गई और मुझे एक भी कहानी नहीं मिली।

हर पन्ने के साथ धूल का गुबार उठता और छींकते-छींकते मैं बेदम हो जाती।

फर्श पर अधलेटे पसरे, पन्ने पलटते चेखव के पत्र में लिखी एक-एक बात मस्तिष्क में घूमती रहती।

जीवन में इतनी निराशा ! चेखव तो सरलता से हारनेवाले नहीं थे, न ही उनकी बातों से कभी इतनी हताशा झलकी थी। इसका अर्थ यही था कि वे अभी बहुत कठिन समय से गुजर रहे थे।

मुझे 'प्यार की बात' में लिखी बात याद आई : ''मैं बहुत दुखी रहता था...''

क्या मैं कभी...कभी उन्हें दुःख के सिवा और कुछ न दूँगी ?

चेखव अक्सर ही मुझे पत्र लिखा करते, पर उनमें अब पहले सी अधीरता नहीं थी, मेरे सान्निध्य के लिए भी वे अब उत्सुक नहीं दिखते थे।

चौदह

बसन्त में मुझे मॉस्को जाना पड़ा। वहाँ मैं अलेक्सेई के पास ठहरी। बातों ही बातों में मैंने जिक्र किया कि चेखव अपनी माँ और बहन के लिए मॉस्को में मकान खरीदना चाहते हैं, पर कैसे क्या किया जाए यह उन्हें मालूम नहीं।

''इससे आसान भला क्या हो सकता है,'' अलेक्सेई ने कहा, ''ऐसे मकानों की एक फेहरिस्त तैयार कर लो जिनकी बिक्री की जानी है, उनमें जो जँचे चुन लो। मेरा एक दोस्त एस्टेट एजेंट है, वह सारे मकान हमें दिखा देगा। है तो वह अव्वल दर्जे का पाजी, पर हमें नहीं ठगेगा। इसकी गारंटी मैं लेता हूँ। तो फिर कब शुरू करें ?''

''पर इतना समझ लो कि सौदा पक्का करने का हक चेखव ने

मुझे नहीं दिया है।"

"जाहिर है ! यह बात चेखव के दिमाग में आ भी कैसे सकती है ? फिर भी वे मकान खरीदना चाहते हैं मगर तरीका नहीं जानते। तो हमें उनकी मदद तो करनी ही चाहिए।"

हम दोनों हँसने लगे।

"मकान खरीदने का...अपार्टमेंट किराए पर लेने का मुझे बहुत शौक है," भाई ने कहा, "किसी को शक भी नहीं होता कि मैं सिर्फ मजे ले रहा हूँ। कैसे वे मेरे आगे-पीछे दौड़ते हैं, नाज-नखरे उठाते हैं, बस देखने लायक नजारा होता है। मैं भी बड़ी बारीकी से पूरी जाँच करता हूँ, तुम देखना तो सही कैसे-कैसे शानदार मकान मौजूद हैं। एक बार तो मैं बस एक महल खरीदते-खरीदते रह गया।"

देहात में मेरे मकान के लिए फर्नीचर खरीदने में यही एजेंट मेरी मदद करनेवाले थे, मैंने सोचा क्यों न एक तीर से दो शिकार करूँ और फर्नीचर देखने के साथ-साथ वे मकान भी देखती चलूँ तो चेखव की ज़रूरतों के हिसाब से सही बैठते हों। शीघ्र ही मुझे मालूम हो गया कि एजेंट महोदय को आधी कीमत पर चीजें हासिल करने के सारे गुर आते हैं। उन्हें सारी अन्दरूनी जानकारी थी, जान-पहचान भी बहुत थी और अक्ल और अनुभव का इस्तेमाल भी खूब आता था। वे अक्सर मुझे याद दिलाते रहते थे।

"तुम्हारे भाई की मैं भरसक सहायता कर रहा हूँ।"

"पर क्या आप चेखव की भी इसी प्रकार सहायता करेंगे ?"

"भरोसा रखो, मैं बहुत सस्ते में उन्हें बहुत बढ़िया मकान दिला दूँगा। मुझे भी आदमी की पहचान है। अपने नुकसान की भरपाई मैं और कहीं कर लूँगा।"

परन्तु 23 मार्च को चेखव ने मुझे पत्र लिखा : "पैसों को जैसे पंख लग गए हैं। ऐसे ही चलता रहा तो दो साल में मुझे संन्यासी हो जाना पड़ेगा।" फिर अप्रैल में, माँ और बहन अगर हर हाल में मकान खरीदना चाहती हैं तो आकर देखे लेता हूँ, पर मकान खरीद

लेने के बाद फिर हाथ में कुछ नहीं रहेगा। न रचनाएँ न पैसा। फिर गुजर-बसर के लिए, पटवारी बनने के सिवा दूसरा चारा नहीं रहेगा।" अन्ततः चेखव के लिए मकान नहीं खरीदा गया।

पीटर्सबर्ग में चेखव की कहानियों की प्रतिलिपि तैयार करने का काम पूरा हो चला था।

"तुम पार्सल नहीं, गट्ठर के गट्ठर भेज रही हो मेरे पास। अब तक डाक पर 42 रूबल तो ज़रूर खर्च हो चुके होंगे।"

अप्रैल आधा बीत चला था जब चेखव मॉस्को आए। मैंने उनको पत्र द्वारा सूचित किया कि मैं पहली मई को मॉस्को होकर जानेवाली हूँ। उन्होंने लिखा :

"पहली मई को मैं मॉस्को में ही रहूँगा; सुबह की कॉफी अगर तुम मेरे साथ पियो तो बहुत खुशी होगी...बच्चे साथ जा रहे हैं तो उन्हें भी लेती आना। कॉफी के साथ रोल, क्रीम और थोड़ा हैम भी।"

परन्तु चेखव-परिवार से मिलने जाने में तो बहुत असुविधा होती। मॉस्को में रेलगाड़ी बदलनी थी और दोनों रेलगाड़ियों के समय में मात्र दो घंटों का अन्तर था। इन्हीं दो घंटों में सबके लिए नाश्ते का प्रबन्ध भी करना था और रेलवे कम्पार्टमेंट के आरक्षण का भी। कुल पन्द्रह मिनट के लिए चेखव से मिलने जाने का क्या लाभ होता ? मैंने सारी बात उन्हें लिखकर बता दी...मॉस्को स्टेशन पर भी हमारा नाश्ता खत्म ही हुआ था कि क्या देखती हूँ, सामने से चेखव हाथ में एक पार्सल लिए हमें खोजते-खोजते चले आ रहे हैं।

"देखो, तुम्हारे लिए कितने स्वादिष्ट कैरामेल लेकर आया हूँ," परस्पर अभिवादन के पश्चात् चेखव बोले, "कितना साहित्यिक है ! क्या खयाल है ? कभी मैं भी इस सम्मान का पात्र समझा जाऊँगा ?"

प्रत्येक कैरामेल एक कागज में लिपटा था जिस पर तॉल्स्तॉय तुर्गनेव और दॉस्तॉयिव्स्की के चित्र थे...

"अरे ! इनमें चेखव का चित्र नहीं है ? कोई चिन्ता नहीं। वह भी जल्द ही इनमें शामिल हो जाएगा।"

चेखव झटपट बच्चों के साथ घुल-मिल गए, नन्ही नीना को उठाकर गोद में बिठा लिया।

"बिटिया स्कूल मैं'म जैसी क्यों दिखती है ?"

"क्यों ? स्कूल मैं'म जैसा क्या है ?" मेरी ममता कुछ आहत हुई। परन्तु इस कोमलता से उन्होंने नीना के सुनहले घुँघराले बालों को सहलाया और इतने वात्सल्य के साथ उसकी बड़ी-बड़ी सलेटी आँखों में देखा कि जी जुड़ा गया। मुझे यह देखकर आश्चर्य हुआ कि नीना उनसे शर्माई नहीं। अपना सिर उनके कन्धों पर रख दिया और सन्तुष्ट भाव से मुस्कुराईं।

"बच्चे मेरे साथ जल्दी हिल जाते हैं," मुझे चकित देखकर चेखव ने कहा। "मैं एक प्रस्ताव रखने जा रहा हूँ, निराश न करना। आज शाम मेरे लिए 'जलपाखी' का विशेष प्रदर्शन किया जा रहा है जिसमें कोई अन्य दर्शक न होगा। तुम आज भर रुक जाओ। ठीक है ?"

पर यह नामुमकिन था। मैं कैसे उनका प्रस्ताव मान लेती ? पहले तो बच्चों को मय उनकी फ्रांसीसी गवर्नेस के किसी होटल में पहुँचाना होता, देहात में रहनेवाली अपनी बहन को तार करना होता और पीटर्सबर्ग में अपने पति को सूचित करना पड़ता। इस सबमें बहुत बखेड़ा था।

"तुम कभी मेरी कोई बात नहीं मानतीं," विषाद-भरे स्वर में चेखव ने कहा, "तुम्हारे साथ 'जलपाखी' देखने का बहुत मन है। तुम क्या किसी भी तरह नहीं रुक सकतीं ?"

हमने बहुत दिमाग लगाकर देख लिया पर कोई रास्ता नहीं सूझा।

"तुम अपना गर्म कोट लाई हो ?" सहसा चेखव ने चौंककर पूछा। "आज पहली मई हो गई। मगर मौसम अभी बहुत ठंडा है। मैंने तो यह मोटा गर्म कोट चढ़ाया हुआ है, फिर भी स्टेशन आते-आते एकदम ठिठुर गया।"

"आपको तो आना ही नहीं चाहिए था," मैंने कहा, "कहीं ठंड-वंड खा गए तो ?"

"और तुम जो इतने हल्के-फुल्के कपड़ों में यात्रा पर निकल पड़ी हो, यह पागलपन नहीं तो और क्या है ? अच्छा मैं ऐसा करता हूँ, माशा (चेखव की बहन मेरी) के पास सन्देश भिजवाकर तुम्हारे लिए उसका गर्म ऊनी कोट मँगवा लेता हूँ। अभी तो बहुत समय है, अगर तुरन्त सन्देश भिजवा दूँ तो कोट आ जाएगा।"

किसी तरह, बहुत मुश्किल से उन्हें सन्देश भिजवाने से रोका।

"अच्छा तो वचन दो, अगर सर्दी लग गई तो तार दोगी। मैं तुरन्त तुम्हारा इलाज करने पहुँच जाऊँगा। तुम जानती नहीं मैं बहुत योग्य डॉक्टर हूँ। मेरी योग्यता पर क्या तुम्हें विश्वास नहीं ?"

"आइएगा ज़रूर, मगर मेहमान की तरह, डॉक्टर बनकर नहीं।"

"नहीं," दृढ़ स्वर में वे बोले और तुरन्त बात बदल दी।

"पिछली सर्दियों में तुम्हें काफी परेशान किया मैंने," वे साल-भर पीछे लौट गए, "प्रतिलिपि बनाने के पहले तुमने क्या सचमुच सारी कहानियाँ पढ़ी थीं ? तुम पर बहुत तरस आता था मुझे। मेरे लिए मकान खरीदने की कोशिश में भी लगी रहीं..." उनके होंठों पर एक मन्द उदास मुस्कान आई। "बूढ़ी अम्मा को कोई चिन्ता थी न फिकिर," उन्होंने एक रूसी कहावत दुहराई, "तो गईं बाजार और एक घेंटुला खरीद लाईं।"

कुली ने आकर हमसे अपने कम्पार्टमेंट में जाने के लिए कहा, हमारा सामान उठाए, वह आगे-आगे चला, पीछे-पीछे बच्चे और उनकी गवर्नेस। चेखव ने मेरा थैला और चॉकलेट के वे दोनों डिब्बे उठा लिए जो पीटर्सबर्ग स्टेशन पर मुझे विदा देने आए लोगों ने भेंट में दिए थे। हम चलने ही वाले थे कि यकायक मेरा ध्यान उनके ओवरकोट के खुले बटन पर चला गया।

"उफ ठंड खाने का यह अच्छा तरीका है," मैं बोली।

"ये अच्छा तरीका है मुझे याद दिलाने का कि मैं बीमार हूँ...और नाकारा। क्या ज़रूरी है याद दिलाते रहना—हर जगह, हर घड़ी ?"

"अच्छा, तो यह बात है ? मैं तो बीमार नहीं, फिर क्यों अभी मेरे लिए कोट मँगवाया जा रहा था ? कितनी मुश्किल से आपको रोका था। आप मेरी चिन्ता करें तो ठीक और मैं करूँ तो गलत। क्यों ?",

"तो मुन्नी हम झगड़ किस बात पर रहे हैं ?" चेखव ने मुस्कुराकर कहा।

"आज आपका मिजाज ठीक नहीं," मैंने कुछ हँसकर कहा, "हालाँकि जूते तो नए पहने हुए हैं।"

"ये नए नहीं हैं," वे फिर खफ़ा हो गए।

प्लेटफॉर्म पर चलते-चलते हम अपने कम्पार्टमेंट के नजदीक पहुँच रहे थे।

"क्या तुम्हें कुछ ध्यान है हमारी पहली मुलाकात को दस साल हो गए हैं ?" चेखव ने कहा, "हाँ ! दस साल ! हम कितने युवा थे तब।"

"और अब क्या बुढ़ा गए ?"

"तुम तो नहीं, पर मैं तो बूढ़े से भी बदतर हूँ। बूढ़े जहाँ चाहें रह सकते हैं, जैसे चाहें जीवन का आनन्द उठा सकते हैं। पर मैं ? मेरे हाथ-पाँव में तो बीमारी की बेड़ियाँ पड़ी हैं।

"लेकिन अब तो आपके स्वास्थ्य में सुधार है न ?"

"बेकार बात न करो। तुम क्या जानती नहीं कि मेरी सेहत में इस सुधार के कोई मायने नहीं ? परन्तु," अचानक वे कुछ उमगकर बोले, "फिर भी मुझे हमेशा आशा रहती है कि मैं ठीक हो सकता हूँ...पूरी तरह नीरोग। और यह सम्भव भी है। ज़रूर सम्भव है। मेरा जीवन अभी समाप्त नहीं हुआ है।"

"कम्पार्टमेंट की खिड़की से तीन बच्चे हमें देख-देखकर हुलस रहे थे और सिर हिलाकर पास बुला रहे थे।

"चलो अन्दर चलें," चेखव ने कहा, "तुम बदमिजाज तो हो ही, लापरवाह और नासमझ भी हो। तुम्हें इस पोशाक में देखकर खूब गुस्सा आ रहा है। रात में कैसे सफर कर पाओगी ? स्टेशन से तुम्हारा घर

भी न जाने कितने मील दूर है !"

बच्चों ने इतने उत्साह से हमारा स्वागत किया जैसे लम्बे समय के बाद मिले हों। चेखव ने नीना को फिर गोद में लिया, मेरे बेटे ने उनके हाथों में एक किताब देते हुआ कहा, "यह मैंने यहीं एक स्टाल से खरीदी है। क्या आप इसे पढ़ चुके हैं ?"

चेखव ने किताब के कुछ पन्ने पलटे।

"हाँ, मैंने पढ़ी है," गम्भीर होकर वे बोले, "पुश्किन की कविताएँ। यही किताब है। तुमने अच्छा चुनाव किया।"

लोद्या खुश हो गया।

"कविताएँ हैं। क्या आपको कविताएँ पसन्द हैं चेखव साहब ?"

"हाँ, हाँ। पुश्किन की कविताएँ मुझे बेहद पसन्द हैं।"

"आपकी आखिरी कहानी देना तो मैं भूल ही गई थी," अचानक मुझे याद आया, "पता नहीं कैसे छूट गई।"

"ज़रूर बहुत रद्दी कहानी होगी। तुमने पढ़ी है क्या ?"

"नहीं, रद्दी नहीं है। चेखॉन्त की लिखी कहानी है। उनकी कहानियाँ मुझे खूब पसन्द आती हैं। बहुत बढ़िया लेखक हैं।" हँसते हुए मैंने जवाब दिया।

"सोचो जरा, आज रात 'जलपाखी' का विशेष मंचन है, केवल मेरे लिए, बिना किसी अन्य दर्शक के...इतने मँजे अभिनेता हैं... एकदम लाजवाब। और तुम रुक ही नहीं रही हो। मैं बहुत नाराज हूँ तुमसे..."

घंटी बजते ही चेखव उठ खड़े हुए।

मेरी आँखों के सामने अचानक रेलवे कम्पार्टमेंट में घटा अल्योखिन और एना का विदा दृश्य तैर गया "...मैंने उसे अपनी बाँहों में समेट लिया...वह मुझसे लिपटी खड़ी रही..." मेरा दिल जोरों में धड़क रहा था, जैसे सिर पर कुछ भारी टूट पड़ा हो। मगर हम सदा के लिए तो विदा नहीं ले रहे...मैंने खुद को समझाने की कोशिश की। सम्भव है वे कभी मुझसे या सिरगेयी से मिलने आएँ।

चेखव ने बच्चों से विदा कैसे माँगी मैंने नहीं देखा। मुझसे तो उन्होंने विदा ली ही नहीं, सीधे बाहर गलियारे में निकलकर आ गए। मैं उनके पीछे-पीछे निकली। वे अचानक घूमे और निष्ठुर, भावहीन लगभग क्रुद्ध दृष्टि से मुझे देखा :

"तुम अगर अस्वस्थ भी हो जाओ तो भी मैं तुम्हें देखने नहीं आऊँगा," उन्होंने कहा, "मैं बहुत काबिल डॉक्टर हूँ मगर तुम्हारे लिए मेरी फीस इतनी ऊँची है कि उसे चुकाना तुम्हारी सामर्थ्य में नहीं...तो यह अन्तिम भेंट है हमारी।" उन्होंने जल्दी से मुझसे हाथ मिलाया, अगले ही क्षण मुड़े और तेजी से वहाँ से चले गए।

"मम्मी, मम्मी जल्दी से आ जाओ," बच्चे चिल्लाए।

आहिस्ता-आहिस्ता रेलगाड़ी ने चलना शुरू किया। खिड़की की बगल से गुजरते चेखव पर नजर पड़ी। मगर उन्होंने मुड़कर नहीं देखा।

तब नहीं जानती थी, स्वप्न में भी नहीं सोचा था कि चेखव के साथ सच ही यह अन्तिम भेंट थी...

बसन्त की उस सर्द रात बगीचे में चाँद खिला था, रात का सन्नाटा बुलबुलों की मीठी तान से मुखर हो उठा था। आसपास चुप्पी छा जाती तो दूर कहीं से बुलबुल के गाने का स्पष्ट स्वर हवा में तैरता आता। उन शुद्ध पारदर्शी स्वरों से स्पन्दित हो रात और भी ताजा, और भी जीवन्त लगने लगी थी। अपने कमरे की बाल्कनी में, गर्म शॉल में लिपटी मैं दूर टकटकी लगाए खड़ी थी जहाँ पेड़ों की फुनगी के ऊपर टिमटिमाते तारे आकाश भर में छिटके थे।

गर्म शॉल में भी मुझे कँपकँपी हो रही थी। हवा के झोंके लहरों के थपेड़ों की तरह शरीर से टकरा रहे थे। बुलबुल का स्वर किसी बर्फीली पैनी बिल्लौरी धार के समान हवा को चीरता चला जा रहा था।

पन्द्रह

मेरे मन में भिन्न-भिन्न लेखकों की कहानियों का एक संकलन निकालने की धुन समाई। बिक्री का सारा पैसा मैं किसी धर्मार्थ संस्था को दान कर देना चाहती थी। अनेक लेखकों से मेरा परिचय था जिनमें से कुछ तो अच्छे मित्र भी थे। मुझे आशा थी कि संकलन छापने के लिए मैं सिरगेयी को मना लूँगी। कहानियों और प्रकाशन का स्तर तो निस्सन्देह अच्छा होगा ही और सारा काम औने-पौने दामों में हो जाएगा। फिर भला लाभ क्यों न होगा ?

सबसे पहले मैंने चेखव को पत्र लिखा।

उन्होंने उत्तर दिया कि फिलहाल उनके पास कोई उपयुक्त रचना नहीं है। वैसे भी मेरा यह विचार उन्हें कुछ जँचा नहीं।

"बुरा न मानो तो अपनी राय दूँ क्या ? संकलन के प्रकाशन की प्रक्रिया, खास तौर से जैसा संकलन निकालने की तुम सोच रही हो—यानी कहीं की ईंट कहीं का रोड़ा—बहुत धीमी है और बहुत परिश्रम माँगती है। ऐसा परिश्रम जो सम्पादक को बिलकुल ही पस्त कर देता है और अन्त में हाथ भी कुछ नहीं आता। बिन माँगी सलाह देने के लिए क्षमाप्रार्थी हूँ पर मैं एक बार नहीं सौ बार यही कहूँगा। किसी तरह तुम्हारे दिमाग से फितूर निकाल सकूँ तो चैन मिले। जितना समय तुम इस संकलन के प्रकाशन में लगाओगी उतने ही समय में तुम दूसरे रास्ते हजारों रूबल बना सकती हो और वह भी धीरे-धीरे, चम्मच-चम्मच करके नहीं, तुरन्त बशर्ते कि कुछ करने की इच्छा प्रबल हो। फिर भी अगर तुम्हारी मंशा संकलन निकालने की ही है तो शेक्सपीयर, तॉलस्तॉय, पुश्किन, लर्मन्तोव जैसे श्रेष्ठ लेखकों द्वारा किसी एक विषय पर कही गई उक्तियों का संग्रह निकालना बेहतर होगा। विषय कोई भी चुन सकती हो, उदाहरण के लिए—युद्ध में आहत सिपाही, उनके प्रति करुणा, उनकी सहायता आदि या कोई भी अन्य विषय जो उचित जान पड़े। ऐसा संग्रह ज़्यादा रोचक होगा, छपने में दो-तीन माह से अधिक नहीं लगेंगे और हाथोंहाथ बिक भी जाएगा। अपनी सलाह तुम पर लादने की माफी चाहता हूँ और उम्मीद करता हूँ कि बुरा नहीं मानोगी। प्रसंगवश यह जान लो कि इस समय कम-से-कम पन्द्रह ऐसे संकलन प्रकाशित किए जा रहे हैं।"

यह पत्र चेखव ने 7 फरवरी को लिखा था। 14 फरवरी को दूसरा पत्र लिखा :

प्रिय लीडिया अलेक्सेयिव्ना,

कल मैं याल्टा के लिए निकल रहा हूँ। पत्र लिखोगी तो आभार मानूँगा।

आशा है संकलन के प्रकाशन का इरादा तुमने छोड़ दिया है। तुम्हें अन्दाज नहीं इस काम में कितनी मेहनत और थकान है, और

तुलना में लाभ कितना कम। इससे तो अच्छा है कि कहानी पत्रिका छपवाओ और जो आमदनी हो उसे रेडक्रॉस को दान कर दो।

क्षमा करना, मेरा अंग-अंग सर्दी से अकड़ा-जकड़ा है। अभी-अभी हम टैक्सी में जारिन से लौटे हैं और हाथ इस कदर ठिठुरा है कि बिलकुल लिखते नहीं बन रहा। फिर अभी सामान भी बाँधना है। मेरी शुभकामनाएँ तुम्हारे साथ हैं। सदा खुश रहो और जीवन को बहुत गम्भीरता से न लो। शायद वह कहीं अधिक सहज है...और फिर जिस जीवन से हम परिचित नहीं, क्या वह इस योग्य है कि उसके लिए इतनी मानसिक यन्त्रणा भोगी जाए। मेरी राय में तो नहीं। पत्र लिखा इसके लिए तुम्हारा कृतज्ञ हूँ।

सदा सुखी और स्वस्थ रहो।

—तुम्हारा अपना
चेखव

इस पत्र को मैंने कितनी ही बार पढ़ डाला। चेखव की यह नई मनःस्थिति किस बात का संकेत है ? "जीवन कहीं अधिक सहज है, इतनी यन्त्रणा भोगने के योग्य नहीं..." मुझे लगा जैसे वे पलटकर एक नजर अपने जीवन को देख रहे हैं...होंठों पर कसैली मुस्कान लिए।

●●●